# MÉMOIRES

## DE

# AUG. GUIL. IFFLAND,

### AUTEUR ET COMÉDIEN ALLEMAND;

### AVEC UNE NOTICE SUR LES OUVRAGES

#### DE CET ACTEUR.

## A PARIS,

## CHEZ ÉTIENNE LEDOUX, LIBRAIRE,

### RUE GUÉNÉGAUD, N° 9.

1823.

# COLLECTION

## DES MÉMOIRES

### SUR

# L'ART DRAMATIQUE,

PUBLIÉS OU TRADUITS

| | |
|---|---|
| Par MM. ANDRIEUX, | MERLE, |
| BARRIÈRE, | MOREAU, |
| FÉLIX BODIN, | OURRY, |
| DESPRÉS, | PICARD, |
| ÉVARISTE DUMOULIN, | TALMA, |
| DUSSAULT, | THIERS, |
| ÉTIENNE, | Et LÉON THIESSÉ. |

# NOTICE

SUR

## IFFLAND ET SUR BRANDES.

———

JAMAIS, je crois, on n'a tant lu, car jamais on n'a tant imprimé. Tant mieux : on devient meilleur et plus heureux en s'instruisant; et l'un des plus sûrs moyens de s'instruire, c'est de lire. Mais la grande majorité des lecteurs ne veut chercher son instruction que dans les livres qui l'amusent ou qui l'intéressent. Parmi les ouvrages destinés à produire l'un de ces deux effets, et souvent tous les deux, on peut mettre en première ligne *les Romans, les Voyages* et *les Mémoires.* Depuis quelques années, ce dernier genre est recherché avec un avide

*a*

empressement : une curiosité satisfaite est un si grand plaisir! il est si doux de recevoir des confidences! on aime tant à comparer sa vie à celle de l'homme qui nous raconte la sienne! Les mémoires se font lire, même lorsqu'ils sont dénués de faits importans, d'événemens extraordinaires; à plus forte raison, quand ils sont remplis de faits singuliers, bizarres, quand ils racontent des actions, quand ils expriment des sentimens qui appartiennent spécialement à telle profession, à telle classe d'hommes. C'est alors que les mémoires nous intéressent autant et bien plus qu'un roman. En lisant un roman, nous ne pouvons perdre long-temps de vue que tous les événemens ont été imaginés, combinés par l'auteur; dans les mémoires, ces événemens si extraordinaires sont arrivés, ces sentimens inconnus au

lecteur ont été éprouvés, ces inci-
dens si invraisemblables sont vrais ;
et voilà ce qui fait que les longueurs,
les détails minutieux qui refroidissent,
qui déplaisent dans un roman, plai-
sent et attachent dans les mémoires.

Par suite des grands ébranlemens,
des grands bouleversemens survenus
en Europe, depuis la révolution française, quel est l'homme aujourd'hui
qui ne se mêle pas de politique? On a,
tort d'accuser ce siècle d'égoïsme ;
les intérêts publics nous occupent
presque autant que nos intérêts personnels ; c'est peut-être parce qu'on
sent mieux qu'autrefois que les intérêts personnels sont attachés aux intérêts publics ; mais enfin, il n'est si
mince bourgeois qui ne lise son journal et qui ne s'inquiète des guerres
et des traités. Aussi, les mémoires qui
offrent le plus d'attrait sont, sans con-

tredit, ceux des hommes d'état et des
princes, des ministres et des généraux
qui ont joué un rôle dans nos grands
drames politiques, qui ont exercé de
l'influence sur les destinées nationales
et sur les destinées individuelles. Mais
ensuite, les mémoires recherchés avec
le plus de curiosité, ne sont-ils pas
ceux des hommes ou des femmes qui
ont brillé dans les arts, surtout dans
les arts du théâtre? Le goût du spectacle est si généralement répandu !
Tous les soirs, nos grandes et nos petites salles sont remplies ; après les
nouvelles étrangères et les nouvelles
de la Bourse, les nombreux abonnés
de nos journaux quotidiens et hebdo-
madaires sont heureux de trouver des
nouvelles de théâtre; ceux même qui
ne fréquentent pas les spectacles, ai-
ment à être au courant des chutes et
des succès. Des mémoires d'auteurs

et de comédiens doivent donc être bien accueillis ; et ces mémoires n'acquièrent - ils pas un nouvel intérêt quand ils viennent d'artistes étrangers ? Le lecteur français ne doit-il pas trouver quelque plaisir à comparer la vie de ces étrangers, leurs opinions, leurs principes sur leur art, avec les mœurs, les habitudes, le talent, la vie de nos artistes indigènes ? Tel est l'avantage que présentent les Mémoires d'Iffland et ceux de Brandes ; tel est le motif qui a porté les éditeurs des *Mémoires dramatiques* à offrir au public cette traduction, faite avec la plus littérale fidélité.

IFFLAND (*Auguste-Guillaume*), l'un des plus célèbres acteurs de l'Allemagne, naquit à Hanovre le 19 avril 1759. Ses Mémoires nous apprennent qu'il appartenait à une honnête famille de

cette ville, et qu'il y reçut une éducation
très soignée; ils nous apprennent que
son goût pour le théâtre se manifesta
dès sa plus tendre enfance. La première
pièce qu'il vit représenter, fut une
traduction du *Malade imaginaire*; et
déjà sa jeune imagination s'enflamma.
Il vit ensuite le drame de *Sara Sampson*, que Lessing, son auteur, appelle
une tragédie; puis, une traduction de
*Rodogune*, et la représentation de
cette véritable et terrible tragédie fit une
si vive impression sur tous ses organes,
que ses parens ne voulurent plus que
très rarement le mener au spectacle. Il
est assez remarquable que ce soient
des traductions, ou si vous voulez des
imitations de deux de nos chefs-d'œuvre qui aient subitement développé
le goût du théâtre, dans l'âme d'un
homme qui a honoré, par ses talens,
une scène étrangère, et qui, non

content de faire valoir par son jeu, les productions des autres, a enrichi lui-même le théâtre allemand de nombreux ouvrages et de nombreuses imitations des pièces françaises. A l'exemple de beaucoup de nos acteurs, Iffland se fit comédien malgré sa famille. Son talent d'acteur lui acquit une grande réputation pendant le long séjour qu'il fit à Manheim dans la troupe de l'électeur Palatin. Il se distingua dans sa profession par une bonne conduite, par des sentimens nobles et élevés, surtout par une bienveillante amitié pour ses camarades. Cette amitié n'était pas sans préférence; ils étaient trois amis, Beck, Beil et Iffland, qui avaient pris ensemble l'état de comédien, et qui s'étaient promis de ne point se quitter. Sans doute, ils étaient devenus amis, parce qu'ils avaient les mêmes goûts;

mais leur amitié fortifiait, épurait leur passion pour le théâtre. Cette amitié est racontée de la manière la plus touchante dans les Mémoires d'Iffland. On aime à voir ces trois jeunes gens passer leur vie ensemble, étudier et se divertir ensemble, se donner réciproquement sur leur art les plus sévères et les plus sincères conseils. Au moment où l'un des trois est attiré par les propositions que lui fait un autre théâtre, on aime à le voir jurer de nouveau de ne pas abandonner ses amis, et rompre l'engagement qu'il venait de souscrire pour en contracter un beaucoup moins avantageux à Manheim. Cette tendre et honorable association ne fut interrompue que par la mort de l'un des trois.

On trouve dans les Mémoires d'Iffland des détails intéressans sur les événemens publics ou particuliers qui se sont passés pendant le temps où la ville de Manheim fut le séjour de beaucoup d'émigrés français, pendant les deux bombardemens qu'elle essuya d'abord de l'armée française, et ensuite de l'armée autrichienne. On ne peut lire sans un sentiment douloureux les tourmens qu'éprouvent les tranquilles bourgeois, les artistes, jusque-là occupés uniquement de leur art, au milieu de ces luttes sanglantes des gouvernemens ; et combien cette émotion devient plus pénible quand on pense que, dans l'espace des trente dernières années, il est bien peu de villes en Europe qui n'aient subi les horreurs d'un siége ou d'une occupation militaire !

En quittant Manheim, Iffland alla donner plusieurs représentations sur le théâtre de Weimar, ville qui devait à la réunion des premiers litté-

rateurs le surnom d'*Athènes germanique*. Le roi de Prusse l'attira bientôt
à Berlin, et lui donna la direction
des spectacles de la cour. Il resta directeur pendant l'absence du roi, pendant l'occupation par l'armée française, et garda ensuite la direction
jusqu'à la fin de sa vie. Il mourut le
20 septembre 1814, âgé de cinquante-
cinq ans. Il fut universellement re-
gretté. On lui fit des obsèques magnifiques, et les personnages les plus il-
lustres regardèrent comme un devoir
d'y assister.

Il avait présidé lui-même à une édition complète de ses Œuvres dramatiques en 1798. Cette édition se com-
pose de dix-sept volumes; le premier
contient les Mémoires dont nous pu-
blions la traduction. Il les termine en
racontant comment il a renoncé à
l'engagement de Manheim pour pren-

dre l'engagement de Berlin. Tout ce passage est écrit avec noblesse, avec le soin minutieux d'un honnête homme qui craint qu'on puisse le soupçonner d'un procédé équivoque. Il est à regretter qu'il n'ait pas continué ses Mémoires. C'est pendant les seize années qui ont suivi, que son talent est parvenu au plus haut degré, qu'il a joué les pièces de Schiller, et qu'il a donné lui-même ses principaux ouvrages.

Les auteurs de la *Biographie universelle*, auxquels nous avons emprunté le peu de détails de la vie d'Iffland qui ne se trouvent pas dans ses Mémoires, disent que, dès 1790, Iffland était prononcé contre là révolution française; et, en effet, ils citent un passage d'une pièce intitulée *les Cocardes*, qu'il fit à cette époque, à la demande de l'empereur Léopold II;

passage qui certainement n'est pas
d'un ami de la révolution. Cependant,
à l'occasion même de cette pièce des
*Cocardes*, on verra, en lisant ses Mémoires, qu'il a moins été l'ennemi de
la révolution qu'on ne lui en a fait la
réputation, et qu'il avait de la répugnance pour cette réputation qu'on lui
faisait. Il raconte la circonstance qui le
força de se prononcer, pour ainsi dire,
sur le théâtre. Que de gens ont été,
comme lui, et plus que lui, entraînés
dans un parti par une circonstance!

Au moment où les armées françaises occupèrent Berlin, Iffland n'était
rien moins que l'ami des Français.
Peut-on lui en faire un crime? Quelle
est la nation en Europe aujourd'hui qui
n'ait appris par sa propre expérience
combien la domination étrangère est
à charge au cœur de tout vrai citoyen?
Hélas! le plus fâcheux résultat de ces

occupations, de ces conquêtes succes-
sives , c'est qu'elles font naître des
haines nationales qui leur survivent.

Selon l'usage des comédiens de son
pays, Iffland était loin de se borner à
un seul emploi, et il excellait dans
tous (1). Ce jugement n'est pas seule-

---

(1) Ce talent de jouer plusieurs genres était aussi
celui de Garrick. Nos comédiens français n'ont jamais présenté jusqu'ici cette heureuse variété. On
a bien vu notre Préville exciter le rire dans les
rôles les plus comiques, puis faire verser des larmes
dans les rôles les plus pathétiques du drame ; mais
son extérieur plus gracieux que noble, sa physionomie si expressive dans la comédie, son léger
bredouillement, si heureux pour un Crispin, ne
lui ont jamais permis de s'élever jusqu'à la tragédie.
Je crois que cette souplesse de talent est plus facile
à l'acteur qui a commencé par jouer les rôles hé-
roïques ; je comprends que l'acteur tragique puisse
facilement se dépouiller de ses nobles habitudes ;
il me semble presque impossible qu'un acteur,
accoutumé à jouer exclusivement des rôles comiques, puisse exprimer les passions fortes et ter-

ment celui de l'Allemagne entière ; il a été confirmé par une multitude d'étrangers.

Parmi les personnes qui ont fait un grand éloge du talent d'Iffland, on doit citer au premier rang une femme justement célèbre. Voici ce qu'en dit M^me de Staël, dans son livre *sur l'Allemagne :* « Il est impossible de porter « plus loin l'originalité, la verve comi- « que et l'art de peindre les caractères, « que ne fait Iffland dans ses rôles. Je « ne crois pas que nous ayons jamais vu « au Théâtre français un talent plus « varié et plus *inattendu* que le sien, ni « un acteur qui se risque à rendre les

---

ribles de la tragédie. J'ai eu occasion de voir Talma jouer un proverbe dans un salon ; il était plus comique que les acteurs comiques qui l'entouraient. Je le concevais très bien dans un rôle ridicule ou bouffon ; je n'aurais jamais pu concevoir Préville dans Orosmane, ou Dugazon dans Hippolyte.

« défauts et les ridicules naturels avec
« une expression aussi frappante. Il y a
« dans la comédie des modèles donnés,
« les pères avares, les fils libertins, les
« valets fripons, les tuteurs dupés ; mais
« les rôles d'Iffland, tels qu'il les con-
« çoit, ne peuvent entrer dans aucun de
« ces moules : il faut les nommer tous
« par leurs noms ; car ce sont des indivi-
« dus qui diffèrent singulièrement l'un
« de l'autre, et dans lesquels Iffland
« paraît vivre comme chez lui. Sa ma-
« nière de jouer la tragédie est aussi,
« selon moi, de grand effet. Le calme
« et la simplicité de sa déclamation
« dans le beau rôle de Walstein (1),

---

(1) Je ne conteste pas qu'il n'y ait de grandes
beautés dans le rôle de Walstein, mais il me
semble que l'incertitude perpétuelle du personnage, qui délibère et qui n'agit point, fait de cet
ouvrage plutôt un tableau historique qu'une
tragédie. Ce qui me plaît surtout dans Walstein,

« par exemple, ne peuvent s'effacer du
« souvenir. L'impression qu'il produit
« est graduelle : on croit d'abord que
« son apparente froideur ne pourra ja-
« mais remuer l'âme ; mais, en avan-
« çant, l'émotion s'accroît avec une pro-
« gression toujours rapide ; et le moin-
« dre mot exerce un grand pouvoir,
« quand il règne dans le ton général une
« noble tranquillité qui fait ressortir
« chaque nuance, et conserve toujours

---

c'est la physionomie animée d'un camp, hésitant
entre son général et son empereur ; ce sont ces généraux, ces lieutenans s'agitant, s'intriguant au milieu des intérêts de leur chef, des intérêts de l'empire, et surtout de leurs intérêts personnels. Que
de camps, que de quartiers-généraux dans l'Histoire
ancienne et dans l'Histoire moderne ressemblent
au camp et au quartier-général de Walstein ! Une
scène bien vraie et bien effrayante pour les ambi-
tieux, c'est celle où l'envoyé suédois traite déjà
Walstein avec mépris, parce que déjà il s'est livré
à lui.

« la couleur du caractère au milieu des
« passions. »

Nous ne donnerons dans cette Notice aucun détail sur la vie de Brandes.
Il prend soin lui-même, dans ses Mémoires, de nous raconter tout ce qui
lui est arrivé depuis sa naissance jusqu'à son extrême vieillesse. Il est mort
à Berlin, le 10 novembre 1799. Il se
vante quelquefois comme auteur, plus
rarement comme acteur; bien plus
souvent il avoue franchement sa faiblesse. Il paraît que ce qui rendait surtout son acquisition précieuse aux directeurs de l'Allemagne, c'était le talent de sa femme, comme actrice, et
celui de sa fille, comme cantatrice.
En bon mari, en bon père, il ne manque jamais de faire un grand éloge de
sa femme et de sa fille.

Les Mémoires d'Iffland et ceux de

Brandes, lus séparément, inspireraient déjà un vif intérêt. En comparant ces deux ouvrages, cet intérêt devient plus vif et plus puissant. Que de ressemblances, que de différences entre ces deux hommes, entre leurs sentimens, leur conduite et leur sort !

Tous deux ont été d'abord acteurs, puis auteurs, et enfin directeurs. Mais ce qui a été dans Iffland le résultat de tous ses vœux, de tous ses projets, de tous ses efforts depuis sa plus tendre enfance, a été pour Brandes le résultat d'une circonstance, d'une impression du moment. Comme un petit nombre d'acteurs, Iffland a voulu être comédien ; puis il est devenu auteur par suite de cette première volonté. Comme beaucoup d'autres, Brandes s'est fait comédien par besoin, presque sans volonté, parce que cette ressource s'est offerte à lui ; il ne le dit pas, mais on peut croire qu'il s'est fait auteur par la même impulsion, et seulement pour ajouter à ses ressources. Tous deux ont été choisis pour être directeurs de théâtre, par suite de la confiance qu'inspirait leur honnête conduite.

Les Mémoires d'Iffland sont écrits avec solennité; il y professe une espèce de culte pour l'art théâtral. Dès les premières pages, et pendant tout l'ouvrage, il n'est question que de théâtre. Iffland y conserve toujours le ton d'un homme passionné pour son art; il en parle comme un inspiré, à la manière de beaucoup de philosophes, de beaucoup d'hommes de lettres et d'artistes de l'Allemagne, qui ne déposent presque jamais l'enthousiasme, dont l'exaltation, toujours grave, sérieuse, n'en est pas moins vive, n'en est même quelquefois que plus ar-

dente. Ne les blâmons pas trop : un
des meilleurs moyens de réussir dans
un art, n'est-il pas de se persuader que
cet art est le plus beau, le plus important de tous ? C'est ce dont Iffland paraît perpétuellement convaincu relativement à l'art du théâtre. J'avoue
cependant qu'il faut tout le ton de
bonne foi répandu dans ses Mémoires,
pour ne pas soupçonner, en quelques
passages, un homme qui se force à
l'exaltation plutôt qu'il ne l'éprouve.
Que, craignant de déplaire à sa famille, il hésite entre l'état de comédien et celui de prédicateur, je le conçois ; c'est naturel ; mais que, pour
mieux se fortifier dans son dessein de
se faire comédien, il aille régulière-
ment tous les jours nourrir ses inspi-
rations théâtrales dans un cimetière,
en contemplant la tombe de son grand-
père ; qu'il poussé le goût de ces pro-

menades jusqu'à faire connaissance avec les fossoyeurs, et que ce goût le suive encore loin de son pays natal; cela se conçoit-il ? Y croirait-on, si on racontait une telle bizarrerie dans un roman ? n'est-elle pas aussi par trop germanique ? Qu'on nous dise que nous autres Français nous sommes trop légers, trop frivoles pour apprécier ces singuliers effets de l'enthousiasme, je le veux bien; mais je pense que, dans ce cas, notre frivolité est de la raison.

Dans toute la première partie des Mémoires de Brandes, il n'est pas question de théâtre; c'est la vie d'un véritable aventurier. Il a bien raison de dire dans son avant-propos, que *sa vie est un des exemples les plus frappans des suites fâcheuses qui peuvent résulter d'une éducation négligée et des égaremens d'une jeune tête.* A l'âge de

quatorze ans, il a le malheur de commettre une action que sa grande jeunesse peut seule faire excuser. Depuis
ce moment jusqu'à celui où il se fait
comédien, il est poursuivi par les événemens les plus affreux et les plus
burlesques. Il lui arrive les aventures
les plus singulières, il fait les métiers
les plus déplorables : il avait de qui
tenir; son père avait été précepteur, intendant, et chercheur de trésors. Pour
lui, il est tour à tour mendiant, valet
de charlatan, gardeur de pourceaux,
laquais, secrétaire, apprenti-menui-
sier, apprenti-gazetier; et peut-être
j'oublie quelques uns de ses métiers.
Parfois, on serait tenté de croire que
Brandes, voulant amuser les lecteurs,
a inventé, ou du moins a brodé les
faits qu'il raconte. L'imagination des
auteurs de *Lazarille de Tormes* et de
*Gusman d'Alfarache* n'a pas été plus

féconde que la nature n'a été prodigue d'accidens pour le pauvre Brandes. Il raconte, d'une manière fort décente, quelques aventures un peu libres. Dans son métier de mendiant, il se permet quelques sarcasmes contre la dureté ou au moins le peu de charité des ecclésiastiques qu'il rencontre; et cependant il n'est pas sans religion; il ne se tire jamais d'une mauvaise affaire sans remercier la Providence. Dès qu'il s'est fait comédien, sa conduite est celle d'un honnête homme, et même celle d'un homme qui aurait reçu une meilleure éducation; mais il s'enrôle d'abord dans des troupes ambulantes; et son livre rappelle, d'une manière piquante, les mœurs et la vie de *Ragotin* et de *La Rancune* de notre *Roman comique.*

Il eût été agréable, et peut-être utile, de comparer ce que les deux auteurs

auraient dit chacun de leur troisième
profession, celle de directeur de théâtre ; et c'est ici qu'on doit regretter de
nouveau qu'Iffland n'ait pas continué
ses Mémoires ; on doit le regretter
d'autant plus, qu'il y a un passage
dans ses Mémoires où il trace, avec
justesse, avec esprit, avec bonté, les
devoirs d'un directeur. Lorsqu'il est
non pas directeur, mais régisseur à
Manheim, il parvient, s'il faut l'en
croire, à régénérer le théâtre : tout
s'y passe avec justice, avec zèle, avec
loyauté. Son tableau nous offre le beau
idéal d'un théâtre. En revanche, Brandes nous instruit bien en détail de
toutes les tracasseries, de toutes les
cabales, de toutes les méchancetés auxquelles se trouve en proie un malheureux directeur de théâtre allemand.
Mais pourquoi ai-je dit allemand? Partout, les hommes ne sont-ils pas les

mêmes ? Les comédiens de tous les
pays ne se ressemblent-ils pas? Les
tribulations de Brandes, directeur de
spectacle à Hambourg, ne sont pas
plus fortes que celles de tout directeur
de spectacle à Londres, à Naples, à
Paris ou ailleurs. En racontant sa vie
de directeur, il nous la représente
comme un purgatoire anticipé ; et,
l'on peut m'en croire, sa peinture
est fidèle. A peine oserais-je excep-
ter les directeurs de quelques uns de
nos petits théâtres ; je n'y vois que
la différence du moindre au pire.
Pour être tout-à-fait à l'abri des
chagrins perpétuels que causent à un
pauvre directeur l'amour-propre le
plus irritable, l'intérêt personnel le
plus actif, et toutes les petites passions qui naissent de cet intérêt et de
cette vanité, vous n'avez qu'une ressource : faites-vous directeur de ma-

rionnettes, mais de vraies marionnettes
de bois ; et encore, qui sait si un mali-
cieux rival ne parviendra pas à brouiller vos fils ? Ces tracasseries si multipliées, si originales, si ridicules, dont
le public oisif s'amuse pendant qu'elles
ont lieu, et dont il s'amuse encore
quand on lui en fait le récit, furent
bien fatales à Brandes. Elles portèrent
le trouble et le malheur dans sa famille. Outre qu'il ne fit pas fortune à
la direction, qu'il y perdit même tout
ce qu'il avait gagné, et qu'il se re-
trouva dans ses vieux ans presque aussi
misérable que dans sa première jeunesse, n'ayant plus pour résister le
courage, la gaîté, l'insouciance du
jeune âge, sa femme fut obligée de
quitter le théâtre prématurément, par
suite de cabales et d'insinuations ca-
lomnieuses. Il perd successivement son
fils et sa femme ; il reste seul avec sa

fille ; et les tracasseries, les méchancetés le poursuivent encore. On détourne
de lui le cœur de cette fille chérie ; elle
meurt, mal avec son père ; et, lorsque
Brandes fait ses adieux au lecteur, il
est vieux, pauvre et isolé. Ces scènes
de famille, racontées avec sensibilité,
mais surtout avec naïveté, donnent à
la fin de ces Mémoires tout l'intérêt
d'un roman pathétique.

Dans nos mœurs modernes, grâce à
l'extrême civilisation, grâce surtout à
l'invention des convenances et de la
politesse, une dissimulation habituelle
est répandue dans presque tous nos
rapports. Il y a quelques entretiens
pleins de franchise et de confiance
entre deux amis, dans une famille bien
unie, dans un petit cercle d'hommes
bien sûrs les uns des autres ; mais, le
plus souvent, dès que deux hommes
sont en contact, ils feignent, ils plai-

dent le faux pour savoir le vrai, ils se
sondent, ils se tâtent; en parlant de
soi, plus on est vain, plus on fait le
modeste; et comme cette dissimulation est réciproque, personne n'est
dupe, tout le monde se devine ou
cherche à se deviner. Cet art de deviner les autres étant tout à la fois un
besoin et un plaisir, voilà ce qui fait
qu'on aime tant à causer, à recevoir
des lettres et à lire des Mémoires; car
le premier moyen de connaître un
homme, c'est de l'entendre parler.
Malgré ses soins, il se trahit par le
son, par l'inflexion de sa voix, par
ses gestes, par sa physionomie. Le second moyen, c'est la lecture d'une
correspondance de lui. Il a écrit avec
une intention, et cette intention perce
malgré ses efforts, ne fût-ce que dans
un *post-scriptum*. Le troisième, c'est
la lecture de ses Mémoires. L'écrivain

qui est en même temps le héros, y
emploie tout naturellement un grand
artifice de dissimulation ; mais, en dépit de l'affectation de franchise avec
laquelle il avoue ses fautes, en les pal-
liant, en les amoindrissant, en dépit
de l'affectation de modestie avec laquelle il raconte ses belles actions, en
les détaillant, en les grossissant, tout
cet artifice est renversé : le lecteur lui
oppose des préventions contraires. Il
commence par supposer un grand
fonds d'amour-propre à l'auteur ; et,
en effet, la seule idée d'écrire sa vie
n'annonce-t-elle pas qu'on a une bien
bonne opinion de soi-même ? Il sait
d'avance, ce malin lecteur, que le
narrateur ne manquera jamais de se
donner le beau rôle dans les événemens, se montrera tantôt le plus raisonnable, tantôt le plus généreux, selon l'occurrence. Il sait qu'immédia-

tement après avoir glissé l'aveu rapide
et atténué d'une faute, le narrateur,
comme pour se dédommager de l'effort, va se complaire dans le récit
pompeux et circonstancié de quelque
action louable ; et il est disposé à trouver la faute plus grave et la belle action plus légère qu'elles ne le sont
réellement. Le livre l'amuse ; mais,
après sa lecture, il a moins d'estime
pour l'auteur. Cet auteur a voulu se
faire trop grand ; pour le punir, le
lecteur le fait petit. Je suis loin de dire
qu'Iffland et Brandes soient exempts
de vanité : leurs Mémoires ne sont pas
exempts non plus d'un autre défaut fort
commun dans ces sortes d'ouvrages,
celui de multiplier les petites circonstances, de prodiguer les plus minutieux détails ; mais au moins ils ne
poussent pas trop loin le défaut naturel
de se ménager quand ils ont à s'accu-

ser. Brandes surtout raconte ses torts ou ceux de sa famille avec autant de candeur qu'il se loue et qu'il vante sa femme et sa fille. Tous deux semblent éprouver du regret lorsqu'ils ont à dire du mal de quelqu'un ; ils semblent jouir quand ils peuvent faire l'éloge d'un ami. Brandes ne quitte pas une ville sans nous donner la longue liste des personnes qui l'ont honoré de leur amitié ; et il n'est pas fier ! il met sur la même ligne le prince généreux, l'intègre conseiller, l'honorable négociant et le respectable apothicaire. Ils ont eu occasion de se rencontrer : ils parlent l'un de l'autre. Brandes dit un grand bien d'Iffland ; Iffland fait l'éloge de Brandes et de sa famille. Tous deux enfin sont si bonnes gens, l'un dans son exaltation solennelle, l'autre dans son ingénue sincérité ! ils ont tant de bonne foi, et, s'il m'est permis de

m'exprimer ainsi, une physionomie
si persuadée, que le lecteur le plus sévère ne pourra leur refuser son indulgence.

Les deux ouvrages renferment de
nombreuses anecdotes de théâtre, des
réflexions et des conseils sur l'art du
comédien. Iffland, grand acteur, qui
a fait de l'art théâtral la passion sérieuse de toute sa vie, donne ses préceptes, tous très bons et très judi-
cieux, avec l'importance et la gravité
d'un professeur; Brandes, qui resta
long-temps aventurier, même après
s'être fait acteur, est plus fécond en
anecdotes; il les raconte avec la naïveté et quelquefois avec l'espiégle-
rie d'un écolier. Outre les preceptes
contenus dans leurs livres, tous
deux offrent en exemple aux jeunes
acteurs, leur zèle pour leur art et
pour le bien du théâtre, leur fidélité

délicate à remplir leurs devoirs, à tenir tous leurs engagemens. Iffland se complaît à se montrer entouré de camarades aussi honnêtes, aussi zélés, aussi studieux que lui-même. Cela console de voir le malheureux Brandes dans sa direction, environné de tant de comédiens ignorans et suffisans, envieux et incapables, exigeans et paresseux, achetant et faisant payer leurs succès.

Tous deux ont été auteurs très féconds. Ils se bornent dans leurs Mémoires à donner la liste de leurs ouvrages. Je suis fâché qu'ils ne soient pas entrés dans plus de détails ; on aurait aimé à voir ce que deux comédiens exercés auraient dit de leurs productions littéraires.

Parmi ses ouvrages, Brandes cite avec prédilection une espèce de mélodrame intitulé : *Ariadne dans l'île*

*de Naxos.* Il paraît que le rôle d'A-
riadne était le triomphe de sa femme.
Dans sa vieillesse, il fit un triste métier. Moyennant un salaire, il arran-
geait pour la scène des canevas, des
pièces informes qu'on lui apportait.
On prétend que parmi les auteurs qui
travaillent de compagnie pour nos
petits théâtres, plusieurs font un métier à peu près semblable. Iffland,
comme auteur, a laissé un nom plus
distingué. L'édition de 1798 contient
quarante-sept pièces, toutes en cinq
actes, et depuis il en a fait beaucoup
d'autres. Outre ses ouvrages dramatiques, Iffland a écrit sur le théâtre.
Je ne crois pouvoir mieux faire que
de citer l'opinion émise sur son talent littéraire, par les auteurs de la
*Biographie universelle.*

« La plupart des ouvrages d'If-
« fland, disent-ils, appartient propre-

« ment à ce genre que les Allemands
« appellent *schauspiel*, genre que Di-
« derot voulait surnommer le *drame*
« *honnête*, que Lessing a introduit
« en Allemagne d'après le philosophe
« français, et que les critiques éclairés
« des deux nations réprouvent comme
« une composition bâtarde, qui déna-
« ture à la fois la tragédie et la comé-
« die. Cela n'a point empêché que,
« dans une certaine classe du public,
« Iffland n'ait été pompeusement pro-
« clamé le Molière de l'Allemagne.
« Comme ce grand homme, il est
« vrai, Iffland fut à la fois auteur,
« acteur et directeur; mais on ne sau-
« rait, sans une révoltante partialité,
« pousser le parallèle beaucoup plus
« loin. Ce n'est pas toutefois que le
« dramaturge allemand ne possède
« des parties de talent fort estimables.
« Il excelle, par exemple, dans la

« peinture naïve des mœurs et des ta-
« bleaux de famille, titre qu'il a même.
« donné à plusieurs de ses pièces (*Sitten-*
« *gemœhlde* et *Familiersgemœhlde*).
« Il rend avec la plus scrupuleuse fidé-
« lité cette foule de petits détails si
« chers aux spectateurs de son pays;
« enfin son intention dramatique est
« généralement estimable, et sa mo-
« rale toujours pure; mérite qui le
« distingue honorablement de son ri-
« val *Kotzebue,* lequel, au contraire,
« sacrifie tout à ce genre d'esprit plus
« brillant que solide, que les Alle-
« mands appellent *witz.* Mais, trop
« souvent aussi, Iffland dépasse ce
« but au lieu de le conserver, ses per-
« sonnages dissertent, et quelquefois
« même ils prêchent. M^me de Staël dit
« que les comédies de cet écrivain
« remplissent trop bien le but de
« toutes les épigraphes des salles de

« spectacle : *Corriger les mœurs en* « *riant*. Ne pourrait-on pas changer « l'expression, et dire, au contraire, « qu'Iffland *corrige sans rire ?* On a « justement observé qu'il règne une « ressemblance extrême entre plu- « sieurs de ses pièces, et non seule- « ment dans les caractères, mais dans « la fable même, ou les ressorts de « l'intrigue. Ses apologistes n'ont que « faiblement réussi à le défendre sur « ce point, en rappelant qu'il a en- « richi le théâtre de plus de cinquante « ouvrages. On distingue avantageu- « sement dans ce nombre : *Le Crime* « *par point d'honneur* (*Verbrechen* « *aus Ersucht* ). Un jeune homme, « pour se soustraire à un affront, « puise dans une caisse publique dont « son père est le dépositaire. Il avoue « son crime, et n'en reçoit d'autre « châtiment que d'être livré à ses re-

« mords. L'empereur Joseph II, sur-
« pris de ce dénoûment, s'écria : « En
« pareil cas, assurément, je ne me
« montrerais pas aussi indulgent que
« l'auteur. » Ce mot du monarque suf-
« fit à Iffland pour lui démontrer la
« nécessité de donner une suite à sa
« pièce. Il la nomma *Bewustsein* (la
« conscience), parce que son but était
« d'y prouver que, pour une âme non
« encore dépravée, le cri de la con-
« science est le plus cruel des sup-
« plices. Mais qu'arriva-t-il? Beaucoup
« de spectateurs trouvèrent alors le
« jeune homme trop puni. Iffland,
« pour satisfaire toutes les opinions,
« fit paraître une nouvelle suite inti-
« tulée : *Rene Versölmt* (le repentir
« expie la faute), où le coupable,
« après les plus terribles épreuves, re-
« naît au bonheur. Ces trois pièces,
« tirées du même fonds, n'en forment

« réellement qu'une en quinze actes.
« Parmi les autres ouvrages d'Iffland,
« dont le défaut d'espace ne nous per-
« met pas même de donner le cata-
« logue, il s'en trouve un dont le titre
« seul ne pourrait manquer de fixer
« l'attention des lecteurs de tout pays,
« puisqu'il n'est aucun théâtre où ce
« sujet n'ait été essayé avec plus ou
« moins de succès; c'est *le Joueur*.
« Iffland, en composant son *Spieler*,
« paraît avoir été dirigé par une ré-
« flexion qui souvent a été faite parmi
« nous. Il a pensé que, des deux pièces
« les plus connues, dirigées contre
« la passion du jeu, l'une (*le Joueur*,
« de Regnard) n'avait pas atteint le
« but, et l'autre (*le Gamester*, de
« Moore) l'avait dépassé. La voie
« moyenne, entre une comédie plus
« bouffonne que morale (1), et une tra-

---

(1) Pour moi, je pense qu'il y a bien quelques

« gédie bourgeoise plus effrayante que
« pathétique, a donc été judicieuse-
« ment choisie par l'auteur allemand,
« comme celle qui le conduirait au
« point où doit tendre tout auteur
« dramatique : intéresser et corri-
« ger.... Iffland ne s'est pas contenté
« d'écrire pour le théâtre, il a écrit
« aussi sur le théâtre, c'est-à-dire
« sur les perfectionnemens dont il le
« croyait susceptible. Nous laissons
« encore parler ici la femme célèbre
« que nous avons citée ( M^{me} de Staël).
« Iffland, qui est aussi supérieur dans
« la théorie que dans la pratique de
« son art, a publié plusieurs essais *re-*
« *marquablement* spirituels sur la dé-

---

bouffonneries dans la pièce de Regnard, mais
qu'elle est plus comique que bouffonne; et qu'en
offrant ces grands traits de caractère, qui en font
le chef-d'œuvre de son auteur, elle est aussi morale que doit l'être une comédie.

« clamation. Il donne, d'abord, une
« esquisse des différentes époques de
« l'histoire du théâtre allemand : l'imi-
« tation roide et ampoulée de la scène
« française ; la sensibilité larmoyante
« des drames, dont le naturel prosaï-
« que avait fait oublier jusqu'au talent
« de dire des vers ; enfin le retour à
« la poésie et à l'imagination, qui con-
« stitue maintenant le goût universel
« en Allemagne. Il n'y a pas un accent,
« pas un geste, dont Iffland ne sache
« trouver la cause en philosophe et en
« artiste. » Parmi les nombreux ou-
« vrages d'Iffland, on n'en cite que
« très peu qui aient été traduits en
« français. On a essayé sur divers théâ-
« tres de Paris quelques unes de ses
« pièces arrangées pour la scène fran-
« çaise. Ces imitations, ou parodies,
« n'ont point eu de succès ; mais se-
« rait-il juste d'en rendre l'auteur seul

« responsable ? Lui-même, lorsque la
« direction du théâtre de Berlin ne lui
« laissa plus le temps nécessaire pour
« composer des ouvrages originaux,
« prit plaisir à traduire quelques pièces
« françaises, du genre léger; genre
« dans lequel les Allemands ont très
« peu écrit, et dont les comédiens
« éprouvent souvent le besoin pour
« remplir la durée du spectacle. »

Les Français qui ont vu Iffland ren-
dent tous justice à son beau talent de
comédien. « Oui, disent-ils, c'était
« un grand comédien, égal à nos grands
« acteurs, toutefois avec les différences
« qui existent dans les systèmes des
« deux théâtres. » Il me semble que
l'art théâtral ne devrait pas avoir deux
systèmes ; il me semble que le prin-
cipe général, universel du comédien
doit être de bien représenter le per-

sonnage, de se transformer en lui, de revêtir, si l'on peut se servir de cette expression, ses pensées, sa situation, ses passions, ses mœurs, ses habitudes, jusqu'au son de sa voix, en un mot, son corps et son âme. Or, si les acteurs allemands ont une autre manière de jouer que les nôtres, ne serait-ce pas parce qu'ils ont à représenter d'autres personnages ? Cette autre manière n'annoncerait-elle pas plutôt la différence de systèmes entre les deux littératures dramatiques, qu'une variété de systèmes dans l'art de jouer les ouvrages ?

Un examen approfondi des différences qui distinguent la littérature dramatique française de la littérature dramatique allemande, passerait les bornes d'une simple notice ; et d'ailleurs combien il s'en faut que je sois en état de le faire ! D'abord, ne sachant

pas là langue, je n'ai pu prendre connaissance des ouvrages allemands que
dans des traductions; et combien mes
connaissances littéraires me laissent
insuffisant pour une pareille discussion, surtout en tragédie ! Cependant
je ne peux me refuser à dire quelques
mots sur le théâtre allemand : mais
ce n'est qu'en tremblant que je les ha-
sarde; je supplie le lecteur d'être persuadé que je ne me crois pas une assez
puissante autorité pour prononcer;
que je dis ce que je pense, sans prétendre que ce soit ce qu'il faille penser; et, pour me servir d'une expression bien fréquemment employée depuis Montaigne, que je donne mes opinions non comme *bonnes,* mais comme
*miennes.*

Il y a plus de trente ans, lorsque
Friedel et Bonneville publièrent la
traduction d'une première collection

du Théâtre allemand, je me souviens que je la goûtai beaucoup. Familier, presque dès mon enfance, avec tous nos chefs-d'œuvre, j'étais bien aise de voir une autre route suivie et parcourue souvent avec bonheur, un autre système dramatique produisant parfois de grands effets. Je me souviens que *Nathan le Sage*, *Emilie Galotti*, *Clavijo*, *Otto de Wiltesbask*, et *les Voleurs*, une des premières pièces de Schiller, me parurent renfermer des beautés d'un ordre supérieur; que la comédie intitulée : *Pas plus de six plats*, celle de *la Nouvelle Emma*, dont deux de nos plus aimables vaudevillistes viennent de faire le charmant opéra de *la Neige*, me parurent offrir des scènes pleines de vérité, d'intérêt et même de gaîté. Je suis loin d'avoir perdu toute mon estime pour le théâtre allemand ; je conviens même

que, depuis cette époque, Schiller a
produit des ouvrages empreints d'un
véritable génie. Mais pourquoi trou-
vai-je aujourd'hui que les Allemands
ne méritent pas les éloges exagérés
qu'ils se donnent et que leur donnent
leurs enthousiastes partisans? Ne serait-ce pas parce que, depuis quelques
années, les Allemands et leurs partisans cherchent à déprimer la littérature française, croyant par-là donner
plus d'éclat à la littérature allemande?
Oui, cette circonstance peut influer
sur mon jugement; mais je le crois
déterminé surtout par l'infériorité du
système allemand, par l'infériorité de
l'exécution de ce système. En pensant
ainsi, je ne crois pas être égaré par
mon culte religieux pour les grands
génies de ma nation; car, en descen-
dant en moi-même, je trouve que je
n'ai rien perdu de mon admiration

pour les productions de quelques autres pays. Je goûte encore aujourd'hui avec le même plaisir la spirituelle comédie de *Sheridan*, les compositions sévères d'*Alfieri*, surtout le vaste génie de *Shakespeare*, sa profonde connaissance du cœur humain, qui tantôt me frappe d'un subit enthousiasme, et que tantôt je me plais à discerner à travers ses nombreux défauts. Eh bien! sans cesser d'apprécier les grands traits de Schiller, la belle scène de l'inquisiteur aveugle dans *Don Carlos*, les scènes originales de *Fiesque et Doria*, les premiers actes de *Jeanne d'Arc*, presque tout *Guillaume Tell*, etc. je ne peux vouer aux tragiques allemands la même admiration qu'à leur maître Shakespeare; car, ils auront beau dire, ils ne sont pas nos maîtres, et ils ne sont que ses élèves. Je vois dans leurs défauts, qui sont les siens, plus d'étude

et moins d'entraînement. Ce qui dans
Shakespeare est l'effet de la verve et
du génie, est souvent chez les Allemands le fruit de la réflexion et d'un
travail mal dirigé. Ils veulent être par
calcul ce que Shakespeare est, pour
ainsi dire, malgré lui. Laissons de côté
toutes les règles et toutes les violations des règles, toutes les violations
des unités, même de l'unité d'action;
ne considérons que l'exécution. Les
Allemands ont habituellement dans la
conception, dans les pensées, dans les
sentimens, dans le dialogue, tantôt un
désir d'originalité qui les pousse vers
la bizarrerie, une exaltation qui les
fait sortir du naturel et de la vérité;
tantôt, au contraire, une affectation
de naturel et de vérité qui les fait descendre jusqu'à la minutie et la trivialité. Ils ont une prétention perpétuelle
à la sensibilité, qui les fait tomber

souvent dans le précieux, et, plus souvent encore, il faut bien trancher le mot, dans la niaiserie. Il résulte de leurs divagations philosophiques et sentimentales, que, dans beaucoup de leurs scènes, on ne voit plus, on n'entend plus que l'auteur ; le personnage a disparu. Loin de moi la pensée que nous ne devions pas chercher à nous frayer de nouvelles routes ; mais, en nous gardant de suivre servilement la trace de nos maîtres, restons fidèles à leurs préceptes ; ne perdons pas de vue leur exemple. Racine a fait autrement que Corneille, et Voltaire a fait autrement que Racine et Corneille. N'est-ce pas aussi l'exemple qu'ont suivi les auteurs qui sont venus après ces grands poètes ? car pourquoi mépriserions-nous notre tragédie depuis Voltaire ? Les beaux ouvrages de Ducis, les pièces

*d*

de Lemière, qu'il serait injuste d'oublier, *Coriolan* et *Philoctète*, *Fénélon* et *Tibère*, *Marius* et *les Vénitiens*, *Agamemnon*, *Pinto*, *la Démence de Charles VI*, *les Templiers* et *les États de Blois*, *les Vêpres siciliennes* et *le Paria*, la *Marie Stuart* de M. Le Brun, *Louis IX*, *les Machabées*, *Sylla*, *Saül*, *Régulus*, ne sont point des pièces jetées par leurs auteurs dans le moule de leurs devanciers. Quoi qu'il arrive au surplus, n'en déplaise aux enthousiastes de la Melpomène germanique, *Rodogune* et *Cinna*, le beau rôle de Phèdre, et les vers magnifiques d'*Athalie*, *Zaïre* et *Mérope*, et les autres chefs-d'œuvre de nos trois grands poètes, maintiendront toujours notre tragédie.... j'allais dire dans une supériorité désespérante pour les autres nations, je me contente de dire dans une égalité au-dessus de laquelle nul ne pourra s'élever ; car, si parfois je mets Shakespeare à côté de Corneille, jamais il ne m'est arrivé de le mettre au-dessus.

Que sera-ce si, après avoir parlé de la tragédie des Allemands, nous arrivons à leur comédie ! Ici, je les trouve inférieurs, je ne dis pas aux chefs-d'œuvre de Molière, je ne dis pas aux pièces à si grande distance de Molière, mais encore aux chefs-d'œuvre, de Regnard, de Le Sage, de Piron, mais même à d'autres pièces que nous nous contentons de regarder comme agréables. Ils n'ont de comédies de caractère et de mœurs que les nombreuses imitations qu'ils font de nos productions. Leurs comédies originales sont des drames, dont quelques uns sont touchans ; mais, dans cette partie, ne sommes-nous pas encore des modèles pour eux ? *Le Père de famille*, *le Philosophe sans le savoir*, *Eugénie*, et quelques drames de Mercier, ne valent-ils pas *Misanthropie et Repentir*, et même *les Deux Frères*? C'est dans leurs drames surtout que se fait remarquer cette perpétuelle et fatigante prétention à la sensibilité. Ils ont aussi quelques petites pièces; là, le comique, qui chez nous est souvent outré, mais toujours franc et vrai, même dans sa charge, est chez eux outré, sans verve, j'oserai dire sans esprit et sans goût; et le goût se fait remarquer chez nous jusque dans la farce. Je conçois que, lorsqu'ils mettent en scène notre *Malade imaginaire* et notre *Pourceaugnac*, leurs spectateurs éclatent de rire ; mais il faut qu'ils soient bien bonnes gens, bien animés d'un esprit patriotique, pour rire de leur *Homme à la minute*, de leur *Citoyen Général*, etc. Qu'ils sont loin encore des comédies satiriques et spirituelles des auteurs anglais, des comédies si naturelles de Goldoni, des charmantes pièces de l'Espagnol Moratino ! A quelle distance ne sont-ils pas de la franchise, de la verve, du délire de naturel et de gaîté de *Pourceaugnac* et du *Médecin malgré lui !* Cependant, un de leurs critiques, un de leurs oracles en littérature, non content de bien exalter le théâtre de sa nation, s'est avisé de dénigrer notre Molière. Il a osé écrire qu'on sentait dans les pièces de Molière la bassesse de sa condition. Moi, je sens dans la phrase du critique, l'envie, l'orgueil et le sentiment de son impuissance; je reconnais, je sens perpétuellement dans Molière l'homme d'esprit, l'homme de goût, l'homme de génie, le philosophe, le moraliste, l'homme d'honneur, l'homme de bien. Oui, si Corneille, Racine et Voltaire sont égalés, non surpassés par les tragiques anciens ou modernes, par Sophocle, par Euripide, quelquefois par Shakespeare, tout en appréciant, en admirant Plaute, Térence, Aristophane et les fragmens de Ménandre, je dirai que, pour l'importance du sujet, la force de la conception, la peinture des mœurs et des caractères, pour la justesse, la vérité, l'éclat du dialogue, même pour l'intérêt de l'action, personne, dans aucune littérature ancienne ou moderne, n'a égalé l'auteur du *Misanthrope,* du *Tartufe,* des *Femmes savantes,* de *l'Avare,* du *Bourgeois Gentilhomme,* du *Malade imaginaire,* de tant d'autres

pièces qui sont encore des chefs-d'œuvre ; et ce ne sera pas le critique allemand qui détrônera notre grand comique.

PICARD.

————

# MÉMOIRES

## DE

# AUG. GUIL. IFFLAND.

Quelques personnes, dont l'opinion a beaucoup de prix à mes yeux, m'ont engagé, en publiant mes comédies , à donner quelques détails sur ma carrière théâtrale. Cette invitation, le plaisir que j'éprouve, en écrivant, à me rappeler les événemens passés, et particulièrement la persuasion où je suis que, dans la route que j'ai choisie, je jouis de plus de repos et de paix intérieure que les autres hommes, tels sont les motifs qui ont donné lieu et qui servent d'excuse à la publication de ces fragmens.

C'est à l'âge de cinq ans que je vis pour la première fois une pièce de théâtre, et cela fit sur moi une impression surprenante. Cette impression se lie à un événement antérieur

I

qui eut lieu dans la troisième année de ma vie. C'est mon ressouvenir le plus éloigné.

Pendant la guerre, ou plutôt pendant les réjouissances qui eurent lieu à l'occasion de la paix dans l'année 1763, le duc Ferdinand de Brunswick vint à Hanovre. Parmi les préparatifs qui furent faits pour sa réception, on avait ordonné l'illumination de la ville et d'un arc de triomphe. Je me souviens très bien qu'il fut question, toute la journée, que je devais assister à ce magnifique spectacle. Mes frères et sœurs m'en parlèrent beaucoup d'avance, et tout dans la maison attendait la solennité avec une vive et joyeuse impatience. J'appelais à grands cris l'heure où elle devait avoir lieu ; et, dans ma joie, je semblais me précipiter à sa rencontre. Enfin je fus placé, bien couvert, dans les bras d'une servante, et conduit au marché, qui était le principal théâtre de la fête.

Quand j'aperçus de loin cette masse de feu, je la contemplai fixement ; lorsqu'on m'en eut approché davantage, et que je pus distinguer chaque lampion, je poussai un cri de joie, et voulus m'élancer hors des bras de ma garde ; mais lorsqu'arrivé plus près encore je vis ces feux de mille couleurs, je tombai dans une extase divine. On m'avait enveloppé dans un petit manteau rouge dont le devant était garni de boutons en émail blanc. Je me rappelle parfaitement que la couleur de mon manteau et l'éclat que la masse de lumière faisait rejaillir de l'émail me causaient un plaisir singulier. Je me rappelle, comme si c'était un événement d'hier, la multitude des spectateurs, des chevaux, des voitures, l'élévation de l'arc de triomphe, qui me paraissait toucher aux cieux; l'éclat des vitraux, et les cris de joie que poussait le peuple. Je m'agitais dans les bras de la servante qui me portait, je pleurais, je poussais des cris si hauts et si continuels, qu'elle se vit obligée de me ramener dans notre obscure demeure. Je ne pus et ne voulus pas m'endormir. Le lendemain, et quelques semaines après, je pensai toute la nuit à ce spectacle si varié et si brillant. Dans la suite, et pendant long-temps, je construisais souvent des portes triomphales avec des bancs et des chaises, je les environnais de lumières, et me couvrais de mon

manteau ; mais j'avais le chagrin de voir que
ce charmant vêtement ne jetait pas, auprès
des lumières de la maison, le même éclat
que dans la fameuse soirée.

Il paraît qu'enfin cette image s'effaça de ma
mémoire ; du moins je ne me rappelle plus
rien de ce qui se passa depuis cette époque
jusqu'à celle où je vis pour la première fois
une représentation théâtrale ; ce qui eut lieu
en 1765.

Comme je revis alors beaucoup de lumières,
beaucoup de monde, un vaste emplacement,
et une grande variété de couleurs sur le rideau, l'image qui m'avait autrefois charmé
vint s'offrir de nouveau à mon esprit. La
musique, le lever de la toile, la disparition
de ce grand rideau me parurent un enchantement. Je ne m'attendais pas du tout à cet
espace si étendu, si charmant, si bien éclairé
qu'il me laissa voir en disparaissant ; et lorsque des hommes bien vêtus s'avancèrent sur
la scène, y parlèrent, y rirent, et y représentèrent une action semblable à celles qui se
passaient à la maison, je me sentis transporté
de joie et d'admiration. J'embrassais mon

frère, je ne proférais pas une parole, afin de ne rien perdre du spectacle enchanteur qui s'offrait à mes yeux.

On représentait, je crois, ce jour-là, *le Malade imaginaire*. Je pourrais encore indiquer la place où le vieil Ackermann était assis en robe-de-chambre. Je vois encore l'amoureux en habit gris et en veste verte galonnée en or. Je me souviens que je fus indigné de ce que le père voulait donner le fouet à sa petite fille en présence d'une aussi nombreuse assemblée. On finit par un ballet, *les Noces des Juifs*. Il me fit peu de plaisir. Le grand pot que l'on brisa me scandalisa beaucoup. J'étais fort mécontent de ce que tous ces gens-là ne voulaient pas parler ; je ne pouvais comprendre ; il me semblait même fort impoli qu'ils sautassent et courussent au milieu d'une grande et belle chambre.

Cet espace, si vaste et si bien éclairé, me rappelait notre chambre de visites à la maison ; et comme elle était inviolable, comme on n'y aurait pas brisé un pot, comme les Juifs n'auraient pas osé y sauter, il me sem-

blait tout-à-fait inconvenant que l'on fît tout
cela dans ce brillant emplacement.

Les manières élégantes des personnes qui
avaient représenté la comédie, leurs conversations, dans lesquelles ils ne parlaient que
les uns après les autres, me semblaient si
entraînantes, si nobles, si respectables ! On
m'expliqua qu'ils avaient appris par cœur tout
ce qu'ils avaient dit. Alors je les admirai
comme des êtres supérieurs et extraordinaires.

De retour à la maison, j'essayai d'imiter
avec chaque rideau le lever et la chute de la
toile magique qui venait de me séparer de
cet espace si beau et si bien illuminé, et de
ces êtres qui y avaient joué avec tant de délicatesse et de perfection.

Je parlais sans cesse de ce séduisant spectacle ; mais je voyais avec chagrin que personne n'en était aussi enthousiasmé que moi.
Et lorsqu'il arrivait que quelqu'un parlât
avec mépris de ceux qui y avaient figuré, je
ressentais un vif chagrin, et je me mettais en
colère. Je cherchais à être seul, afin de penser seul à ce dont personne ne voulait parler

avec un enthousiasme égal au mien. Je levais et baissais en secret les rideaux de croisée, parce que l'on se moquait de moi lorsque, par ce jeu, je cherchais à renouveler l'enchantement.

Jusqu'alors les arts n'avaient exercé aucune influence sur mes sensations. L'éclatante lumière au milieu de laquelle toutes les figures avaient paru, n'avait produit sur mes sens qu'une agréable impression, se rattachant à celle qui m'avait fait sentir pour la première fois que je vivais et que j'étais.

Comme on me conduisait assidûment à l'église, l'on me représenta un jour qu'il vaudrait beaucoup mieux réfléchir sur ce que je voyais et ce que j'entendais dans ce lieu, que de m'exercer à reproduire les bouffonneries que j'avais vues au Ballhof. (1)

Alors, pour la première fois, je conçus l'idée de comparer l'église au théâtre, parce que, ne devant plus être envoyé au spectacle, j'espérais que l'impression faite sur moi par

_____

(1) On appelait ainsi l'ancien théâtre de Hanovre. (*Note du traducteur.*)

le grand rideau se renouvellerait dans ce lieu.

Je me réjouis donc en voyant arriver le premier dimanche, et je pris avec un joyeux empressement le chemin de l'église.

Le son du grand orgue et l'harmonie du plain-chant excitèrent en moi un sentiment que je n'avais pas éprouvé jusqu'alors ; l'un et l'autre, avant cette époque, ne me semblaient que du bruit et des cris. Ce jour-là, il en fut autrement ; mais ce que c'était, et comment cela était, c'est ce que je ne pouvais m'expliquer ; il me semblait cependant que c'était un effet beaucoup plus fort que celui de la musique du théâtre. Ensuite, le prédicateur monta en chaire. Je me levai, et voulus le comparer avec ceux qui s'étaient montrés lorsqu'on avait levé la toile.

Mais je fus bien trompé dans mon attente. Son apparition ne fut précédée d'aucun enchantement ; il se présenta seul, dans l'obscurité, dans un étroit espace, caché jusqu'à la poitrine, ombragé par une masse obscure suspendue au-dessus de sa tête. Il ne parla pas comme les autres hommes ; il chanta, il hurla d'un ton lamentable, personne ne lui répondit, et ses auditeurs s'endormaient.

Avec quel charme, au contraire, se présentaient à mon imagination ces figures si élégantes, si bien parées, si bien éclairées, qui parlaient, se répondaient, se mouvaient comme les autres hommes!

. C'est dans les histoires bibliques d'Hubner que je trouvai un aliment pour le plaisir qui m'était devenu si précieux. Je voyais dans chaque gravure l'image agréable de la salle de Ballhof. L'encadrement de quelques unes d'entre elles était formé par un rideau relevé en draperie. Je lus ces histoires pour l'amour du rideau et des images qui s'y associaient si bien.

En 1767, la troupe de Seyler vint à Hanovre. On décida qu'elle jouerait au théâtre du château.

Je me figurais que ce devait être des hommes bien extraordinaires, puisqu'on les logeait dans la demeure royale.

On parla beaucoup de leurs excellentes représentations; mes frères et sœurs, qui y avaient assisté, me racontèrent le sujet de la pièce, et m'en parlèrent avec émotion, intelligence et persuasion.

A cette époque, mon frère aîné nous lisait quelquefois *la Dramaturgie* de Lessing, qui venait de paraître. Il en appliquait les préceptes à ce qu'il avait vu, et nous communiquait ses observations avec autant d'esprit que de chaleur et de finesse. Ses condisciples, jeunes gens d'un caractère énergique, combattaient parfois son opinion, qu'il soutenait avec feu et originalité. Ma sœur décidait souvent la question, avec cette délicatesse de sentiment et de goût si propre à son sexe.

Assis dans un coin, sans être remarqué de personne, j'écoutais avec une attention soutenue. Je comprenais bien peu, mais je sentais beaucoup. Jamais le sommeil ne vint me surprendre durant ces conversations, quelque longue que fût leur durée.

C'est ainsi que je reçus un pressentiment vague de cet art, et même quelque chose de plus qu'un pressentiment. Ce doit être une chose bien distinguée, me disais-je, puisqu'elle peut émouvoir à un tel point des hommes sages et vertueux.

Un soir, mon père rentra à la maison après avoir assisté à une représentation de *Miss Sara Sampson* (1). Il était encore tout ému des malheurs de Sara, et nous parla beaucoup du repentir de Mellefont, et de la vive douleur du vieux père de Miss Sampson. C'est une leçon fort utile, dit-il, que de voir comment cette jeune fille tombe dans l'infortune, et les enfans peuvent par-là se faire une idée de ce que leur légèreté cause de douleur à un pauvre père. Si l'on donne encore cette pièce, je veux y envoyer tous mes enfans.

Elle fut annoncée peu de temps après, et nous y fûmes tous envoyés. J'éprouvai ce jour-là une joie bien différente de celle que j'avais ressentie lorsqu'on m'avait conduit au spectacle dans la salle de Ballhof.

Mon père avait dit que c'était une chose instructive, que nous pouvions y trouver une leçon; je l'avais vu ému des événemens qu'elle présente; on lisait sur l'affiche : *Tragédie!* Il était donc question d'un ouvrage qui offrait à la fois, dignité, tristesse, instruction,

_____

(1) Tragédie de Lessing.

et je devais voir tout cela dans le palais du
roi ! Tout se réunissait donc pour rendre la
chose importante, solennelle ; elle était ap-
prouvée par le roi et louée par mon père. Ce
dernier me donna l'affiche , m'expliqua ce
qu'étaient les personnages. Il m'apprit aussi
comment il fallait me comporter dans la salle
de spectacle. Je devais garder le silence, être
modeste, tranquille, ne pas jeter les yeux de
tous côtés, mais les tenir fixés sur la scène;
enfin, être bien attentif à tout ce qui s'y di-
rait d'utile. Je promis de me conformer scrupuleusement à cette loi.

Je serrai l'affiche dans ma poche avec autant de soin que si c'eût été un passe-port. Je
maniais les billets d'entrée avec une douce
joie, et je me figurais qu'il y avait sans doute
un motif sublime pour qu'on eût gravé sur
le cachet de ces billets un poignard et un
masque de théâtre.

J'étais paré comme j'avais coutume de l'être
lorsque nous allions faire visite à des étrangers; tout cela me donnait une haute idée de
la chose. Nous devions partir à quatre heures,
et à trois heures j'avais déjà le chapeau à la

main. Enfin ce moment si attendu arriva.
Nous traversâmes les deux cours du palais et
montâmes le grand escalier. Je n'étais pas encore venu dans ce grand édifice; la longueur
des corridors, la hauteur des portes, les gardes, les peintures des plafonds, tout me paraissait grand et sublime. L'entrée du théâtre
était obstruée par une foule nombreuse.
Quelle douceur, quelle joie, quel délice pour
moi, que de voir tant de monde attendre
avec impatience ce qui remplissait toute mon
âme! mais aussi, dans quelle angoisse j'étais,
que toute la ville ne fût accourue en foule en
ce lieu, et qu'il me fût impossible de voir!
Enfin, on ouvrit les portes du théâtre, la
foule s'y précipita; nous la suivîmes, et bientôt je me trouvai assis sur le devant d'une
loge.

La salle fut éclairée peu à peu, et les soins
apportés dans les différens préparatifs relevè-
rent encore à mes yeux l'importance de ce
que j'allais voir. La rampe fut allumée, et me
permit de distinguer la toile qui cachait encore l'unique objet de mes désirs.

Quelle joie me causa l'éclat des couleurs

qui y brillaient! quel ravissement fut le mien, quand une vive lumière y offrit à mes regards le nom du roi, environné d'un nuage et placé sous l'égide d'une divinité protectrice!

L'impression que devait nécessairement produire sur moi la vue de ce nom, dans un pareil endroit, n'est rien moins qu'insignifiante. Il indique à Hanovre tout ce qui est la propriété immédiate du roi, ou ce qui est sous sa protection particulière. Il fait l'honneur des étendards royaux, l'autorité des monnaies, désigne les bâtimens de la couronne et (il est bien singulier que cette idée ne me soit venue qu'alors) on le voit sur le frontispice de maint livre de prière. Comment peut-on, me disais-je en moi-même, ne pas parler avec considération des comédiens, et ne pas se sentir pénétré de respect pour leur vocation, quand jusqu'à ce qu'ils doivent se montrer en public, ils sont couverts du nom royal, et cela dans le palais du roi?

Cet art doit être aussi ancien qu'honorable, ajoutais-je, car le nom que je lis sur ce rideau, est celui de Georges II, qui est mort depuis long-temps, homme grave et sérieux, qui a courageusement combattu, et qui ne devait pas assurément trouver indigne d'un roi de venir chercher en ce lieu du plaisir ou de l'instruction.

Une musique mélancolique venait de disposer mon âme à de nobles sentimens, quand on leva le rideau, et avec lui les nuages, au milieu desquels semblait planer le nom du roi. L'aspect de cette scène me parut beaucoup plus brillant, plus élégant, plus noble, plus surprenant que celui de la scène du Ballhof.

Je ne cessai de pleurer pendant toute la représentation. Les sentimens nobles et élevés y étaient exprimés avec tant de chaleur et d'entraînement! la vertu y paraissait si respectable! Jusqu'alors je n'avais appris à connaître les souffrances de l'humanité que par les histoires bibliques d'Hubner, et par les malheureux qui me demandaient l'aumône. Je n'avais aucune idée de semblables passions et d'un semblable langage; et c'était Eckhof qui remplissait le rôle de Mellefout ; M^me Hensel, celui de Sara; M^me Back, celui de Marwood! Une image aussi vraie et aussi forte, cette

toute puissance du sentiment qui réveille en
nous toutes les émotions et les dirige à son
gré, entraînaient, élevaient et subjuguaient
mon âme. J'étais tout-à-fait hors de moi. La
toile tomba, il m'était impossible de me lever; je pleurais à sanglots, je ne voulais pas
quitter ma place. De retour à la maison, je
parlai de la pièce dans un langage inaccou-
tumé, et j'étais agréable à tous ceux qui par-
tageaient mon enthousiasme. Mon père voulut
que je lui racontasse ce que j'avais vu et éprouvé ; il me communiqua lui-même ses impressions ; et son âme noble, son cœur paternel,
qui sentait si vivement, le transportèrent encore au moment de la représentation.

Dès ce moment, le théâtre devint pour moi
une école de sagesse et de vertu.

Peu de temps après, on donna la tragédie
de *Rodogune*. Il y avait ce jour-là un grand
repas de famille chez mon père. Je m'adressai à un vieil oncle qui m'aimait beaucoup,
et lui dis qu'il pouvait rendre pour nous la
fête complète, s'il nous obtenait la permission d'aller au spectacle. Cette permission fut
accordée.

Quelle nouvelle fête pour moi! Le théâtre couvert d'un tapis vert, représentait un vaste palais soutenu par des colonnes. Les personnages s'avançaient avec une lenteur solennelle; on y voyait des mouvemens majestueux, sans entendre le bruit des pas. L'aspect des cimiers ondoyans prêtait un nouveau charme aux discours fiers et pompeux que prononçaient les acteurs. Les paroles foudroyantes que les héros proféraient en quittant la scène, et laissant flotter derrière eux leurs manteaux de soie; cette déclamation, la plus énergique que j'eusse entendue, tout glaçait mon âme de terreur.

La haute tragédie me remplit d'un respectueux enthousiame.

Dans *Miss Sara Sampson*, le bruit des applaudissemens m'avait scandalisé; dans *Rodogune*, leur fracas, semblable à celui du tonnerre, m'éleva au plus haut degré de la compassion, de la fierté, de l'horreur, de la tendresse et de la magnanimité. J'aurais renoncé à mes plus douces jouissances, pour pouvoir prononcer, dans la chaleur de ce transport, un discours de Cléopâtre.

2

Le spectacle fut terminé par un ballet :
*Le Maître de chapelle*. Il me fut impossible
d'y rire. Un homme s'avança sur la scène,
vêtu d'un habit noir, tout couvert de notes
de musique. La galerie se mit à rire, et témoigna son contentement par des bravo. Que
devaient penser Antiochus et Cléopâtre ? Pourquoi ne terrassaient-ils pas ces profanes rieurs,
sous le poids d'un de leurs discours ? Voilà ce
que je sentais ; aussi je ne regardai plus les
danseurs, qui me semblaient dignes d'autant
de mépris que les vendeurs de colombes dans
le temple.

Je rentrai à la maison plein de hauteur et
de fierté ; et là je racontai les infortunes de
Séleucus et d'Antiochus. Mon père me laissa
bavarder peu de temps, car le développement
de l'intrigue lui semblait trop long. Il s'in-
forma de mes progrès dans mes études, prononça quelques paroles sévères, et ajouta que
c'était assez s'entretenir de la comédie ; qu'il
fallait s'occuper de choses sérieuses. Il accom-
pagna ce discours d'un regard qui m'annonçait, pour l'avenir, l'interdiction d'un semblable plaisir.

Le feu me monta au visage. Je me sentis vivement mortifié et bien malheureux.

Je devais ne plus parler de ce qui remplissait toute mon âme ! Je devais m'occuper de choses sérieuses ! Rien n'avait plus d'importance à mes yeux qu'Antiochus et Cléopâtre. Hé quoi ! je ne devais plus parler de ces princes si magnanimes, si malheureux, qui s'étaient montrés devant mes yeux avec tant de noblesse et de confiance ?

J'essayai d'en parler à mes frères et sœurs. Ils m'écoutèrent quelque temps ; mais, ce qui était tout naturel, ils en eurent bientôt assez. Je m'adressai aux domestiques, ils me rirent au nez ; aux compagnons de mes jeux, mais c'était une chose au-dessus d'eux. Toute la journée je battis le tambour, et je portai dans leurs jeux militaires le drapeau de papier, pour qu'ils consentissent à me regarder, une demi-heure seulement, entrer en fureur comme Cléopâtre, ou pleurer comme Antiochus. Mais bientôt cela les ennuya, et je perdis mon auditoire.

Alors je montai dans le grenier. Un morceau de soie flottait derrière moi comme le

manteau d'Antiochus, un vieux bonnet de gre-
nadier formait mon casque royal, un tronçon
de sabre d'enfant à la main, je m'abandonnais
à ma fureur. Quelquefois, sans rien changer
au reste de mon costume, un panier de ma
grand'mère achevait la parure de Cléopâtre.

Au milieu de tout cela brillait mon propre
vêtement. C'était un petit habit de hussard,
qui recouvrait un corps aussi maigre qu'un
squelette, tandis qu'une perruque à queue,
bien poudrée, couvrait mon chef orgueilleux.
Cela ne m'empêchait pas de déployer ma rage
et de pleurer souvent à chaudes larmes, ému
par les accens lamentables de ma propre voix.
Souvent le soir me surprit au milieu de ces
occupations tragiques. Le crépuscule, dans
ces vastes et antiques greniers, me causait de
vives frayeurs; un lent engourdissement s'em-
parait de tous mes sens; et le fier Antiochus,
dans son appareil de héros, réuni à la parure
de Cléopâtre, s'enfuyait en poussant les hauts
cris.

Je m'efforçai désormais de lire le plus
grand nombre possible de pièces de théâtre.
Celles qui offraient des situations sublimes

et terribles étaient celles qui me plaisaient le plus.

Au moyen d'une permission obtenue à force d'artifice, je vis encore *Roméo et Juliette*. C'en était fait désormais de mon repos. Quiconque contrariait ma passion pour le théâtre était pour moi Capulet le père, un tyran; quiconque, au contraire, m'écoutait avec patience, avait, à mes yeux, les vertus de sa femme.

Je ne pouvais plus parler à personne de mon amour pour l'art dramatique. Chacun évitait mon entretien, soit par principes, soit parce qu'il le trouvait ennuyeux. Je ne pouvais lire devant personne, personne ne pouvait m'admirer, et je croyais cependant en être digne. On finit même par me rendre difficile la lecture des comédies, parce que l'on s'aperçut qu'elle me détournait de toutes les autres occupations plus importantes.

Je trouvai bientôt un autre moyen de satisfaire ce penchant qui avait tant de charmes pour moi. Tous les soirs mon père lisait ou se faisait lire des sermons, dans lesquels il trouvait une véritable nourriture pour son âme noble et pieuse. Je me montrai très recueilli pendant ces lectures, que cet excellent homme n'exigeait de moi que très rarement.

Impatient de me faire entendre, j'entrai un soir avec Jean-Jacob ou Eberhard Rambach.

Je lus la première partie de ces sermons très doucement, la seconde d'une voix plus élevée, et d'une voix de tonnerre l'exhortation aux pécheurs impénitens.

Cette lecture causa un vif plaisir à mon père. Il ne savait pas que, dans cette circonstance, je n'avais pensé qu'à Roméo, à Capulet et à Antiochus.

Depuis que je ne pouvais plus aller à la comédie, je me rendais, plein de tristesse, dans la cour du château, et je voyais les lumières briller sous le vestibule du saint des saints. Je lisais les affiches comme les livres de la sagesse, et l'homme qui les portait me semblait devoir être un personnage très important.

Cependant la comédie s'absenta pour quelque temps; un instituteur, d'un caractère très doux, fut placé auprès de moi pour me faire trouver du plaisir et de l'honneur dans l'étude des sciences utiles. Je fus dès lors très appliqué.

J'avais un goût décidé pour l'histoire, et les caractères qui s'y présentaient m'attiraient aussi vivement dans leurs intérêts que pouvait le faire la comédie. A la vérité, je me figurais les héros et les héroïnes qui s'y trouvaient dépeints, sous les traits d'Eckhof et de M$^{me}$ Hensel ; mais ni les uns ni les autres n'y pouvaient perdre.

A cette époque, on me fit lire *Grandisson* et *le Doyen de Killerine*.

Les personnages respectables de *Grandisson* et plusieurs membres de mon excellente famille avaient une parfaite ressemblance. Les acteurs du roman me rendaient mes parens plus chers, et les nombreuses vertus que je remarquais dans mes parens me faisaient croire aux acteurs du roman.

En vérité, je n'ai jamais rien lu ni entendu de noble et de vertueux que je ne l'aie admiré dans mes parens.

Cependant ma vocation pour le théâtre m'était restée ; mais durant quelque temps, elle perdit un peu de son ardeur.

Vers ce temps-là, un prédicateur fit sur moi une impression toute particulière. C'était

feu Schlegel. Bien avant qu'il n'entraînât la
multitude, il avait excité en moi les plus
tendres émotions. Le ton de la persuasion,
l'amour paternel respiraient dans les discours
que dictait son cœur. Lui-même fut quelquefois si vivement attendri, qu'il se vit forcé de
s'arrêter. Sa conduite était d'accord avec ses
instructions. Tout le monde l'aimait, et si sa
bouche m'eût adressé ces paroles : « Tu ne
dois plus aller à la comédie, » j'y eusse entièrement renoncé.

Schlegel m'apprit à respecter les fonctions
de prédicateur. Je vis clairement que, dans
un pareil ministère, on pouvait produire plus
d'effet en public qu'on ne l'avait fait jusque
alors ; mais je vis aussi que son dialecte, sa
constitution et son respect pour les anciens
usages l'empêchaient d'y parvenir.

Dans ma sotte vanité je me crus appelé à
atteindre ce but élevé, et dès lors je me figu-
rai qu'il me serait doux et honorable d'être
prédicateur ; et je me mis à lire, à écrire et
à prononcer des sermons.

Il me fut facile, pour un motif aussi saint,
de trouver un auditoire dans les gens de la

maison. Appuyé sur le dossier d'une chaise, je prononçai un discours d'un style relevé et d'une piété profonde, et l'on m'écouta avec édification.

Quelques vieilles tantes et cousines furent invitées un jour chez mon père, et comme aujourd'hui on oblige les enfans à jouer devant les assistans une sonate de Pleyel ou d'Haydn, on m'invita à lire, devant nos hôtes, un passage de l'ouvrage qui a pour titre : *Le Christ dans la solitude.*

Plein de confiance dans mon talent et dans ma vocation, je lus avec feu, avec pompe, et, à la fin, avec une emphase frénétique.

Mes bonnes vieilles parentes versèrent de pieuses larmes, et prédirent que l'Église aurait une nouvelle lumière en moi. Mon père seul garda le silence, et parut très sérieux. Quand nous fûmes seuls il me dit : « Mon fils, l'emphase avec laquelle tu viens de lire ne saurait me plaire. C'est un enfantillage qui trahit une insolente vanité. » Je reconnus qu'il avait raison. Je me sentis humilié, et cependant je continuai à prêcher, du haut d'une chaise, devant quiconque voulait m'en-

tendre, et cela sans rien changer à mon genre
de déclamation.

Je vécus ainsi pendant un assez long intervalle de temps sans qu'il se passât rien qui
sortît du cercle ordinaire des choses. J'avais
pris de l'amour pour les études dont on s'occupe à cette époque de la vie, et je m'y livrais
avec zèle.

Depuis que je recevais une éducation particulière, je n'avais presque aucun ami de mon
âge. Les promenades qui m'étaient permises, je
les faisais seul dans la société de mon second
frère. Aucun de nous deux ne trouvait de
plaisir à fréquenter les lieux où la foule se ras-
semble. Mon père, je ne sais pourquoi, pré-
férait que nous allassions nous promener du
côté de la porte de la ville, appelée *Steinthor*.
La montagne connue sous le nom de *Windmuehlenberg*, était l'endroit le plus agréable
de cette partie de la contrée. Nous allions nous
asseoir au pied de cette montagne; et là, nous
rêvions à notre avenir. Une ferme, à la campagne, était l'unique objet des vœux de mon
frère; et, par amour pour lui, je désirais être
curé dans le pays où il aurait sa ferme. Je

renonçais volontiers aux honneurs de la chape
que portent les prédicateurs dans les villes,
ainsi qu'aux applaudissemens d'un public ci-
vilisé, pour ne pas me séparer de lui.

Dans nos rêveries nous nous occupions tellement des détails, que nous croyions déjà
voir nos champs, nos prairies et notre jardin;
nous vivions d'avance dans une heureuse réa-
lité. Dans la chaleur de nos entretiens, nous
gravissions le Windmuehlenberg; et de là,
nous promenions nos regards sur toute la
contrée, et nous nous abandonnions au vague
pressentiment qui semblait nous dire dans
quelle partie pourrait être un jour notre habitation. Là, souvent dans l'effusion de l'a-
mour fraternel, nous confondions nos embrassemens, et nous rentrions pleins de courage à la ville.

Comme, pendant l'hiver, il nous était impossible de sortir, nous allions dans le grenier, où j'avais déclamé tant de rôles tragiques, chercher l'image de la ferme future de
mon frère. Des caisses de sable figuraient les
plates-bandes, tandis que les poulets et les
pigeons couraient et voltigeaient autour de

nous. J'avais établi mon presbytère dans un bûcher voisin. Nous passions la moitié du jour dans ce monde idéal, et nous étions heureux, ah! bien heureux. Il ne pouvait en être autrement. Nos vœux étaient si modérés ; c'était une félicité si commune! pourquoi n'auraient-ils pas pu se réaliser? Nous nous réjouissions lorsqu'un jour s'était écoulé, car il nous rapprochait de notre but. Hélas! ce but, aucun de nous deux ne l'a atteint. Nous vivons séparés l'un de l'autre. Tout a pris une direction différente de celle que nous avions si délicieusement rêvée. Seulement les sentimens que nous éprouvions alors l'un pour l'autre, sont encore aujourd'hui et seront toujours les mêmes.

Un événement qui arriva à cette époque, changea totalement ma carrière.

La mort m'enleva mon instituteur, que sa bonté m'avait rendu si cher. Je passai dans d'autres mains, qui ne surent pas me diriger. Il m'avait fait aimer l'étude, et ses successeurs me la firent haïr. J'en restai au point où il m'avait laissé; je remplissais mes devoirs avec dégoût, je devins paresseux, cherchant à me

dissimuler par des espiégleries de toute espèce combien j'étais mal avec moi-même.

Un pareil état de choses devenait embar-
rassant. On résolut de m'envoyer dans les
écoles publiques. J'entrai dans la seconde
classe, et j'étais à peine en état d'entrer dans
la troisième.

Mes connaissances en histoire étaient beaucoup plus étendues, plus exactes, plus posi-
tives que celles d'aucun autre de mes condisciples; les caractères qui s'y présentent,
faisaient aussi sur moi une impression beaucoup plus vive; et dans le sentiment des beaux-
arts, je surpassais peut-être mes professeurs
eux-mêmes.

Aussi, j'avais de mon mérite une opinion
beaucoup trop élevée, et je ne pouvais supporter les humiliations auxquelles m'exposait
très souvent mon ignorance des connaissances
élémentaires.

Cette ignorance me rendit bientôt indifférent au professeur de ma classe; et comme je
ne jouissais d'aucune considération, je devins,
pour mes condisciples, un objet de raillerie :

incapable de me retirer de cette fausse position, trop léger pour prendre une résolution
sérieuse, je m'avisai de me venger par des
quolibets et des taquineries, de ceux qui ne
voulaient pas faire attention à moi.

Malheureusement ce genre de conduite obtint les louanges de mes camarades, et j'y per-
sévérai. Mes frères étaient absens, mes sœurs
ne pouvaient apprécier l'état de mon ignorance; car, si parfois elles témoignaient de
l'inquiétude, si elles me piquaient d'honneur,
je les aimais assez pour les tromper par une
vaine apparence de zèle, ou par l'attestation
périodique que mon professeur donnait de mon
application, ou bien encore en leur faisant
concevoir l'espérance que je me conduirais
mieux à l'avenir.

La fréquentation de quelques jeunes étour-
dis de mon âge, et dans une position semblable à la mienne, rendit bientôt mes mœurs
rudes et sauvages.

Un livre, qui tomba alors entre mes mains,
me conduisit beaucoup plus loin que je ne
voulais aller.

Le roman de *Pérégrin Pickel* (1) cadrait, sous tant de rapports, avec ma position particulière, que je le dévorai avec avidité. Je fis tout pour lui ressembler, et même pour le surpasser.

Nous parcourions en foule la ville et le pays, pour faire des croisades dans le même esprit que Pérégrin. Elles nous réussirent parfaitement ; mais comme, dans tous nos mauvais tours, mes camarades, soit à tort, soit avec raison, me faisaient passer pour l'auteur et le chef, toute l'indignation retombait sur moi.

A quelles extravagances, à quelles contradictions l'envie de se faire remarquer, ne porte-t-elle pas une jeune tête ! et cependant j'avais les meilleurs sentimens ! Mais, si alors je cherchais à les faire taire, je ne les avais cependant pas totalement perdus.

Les comédiens, qui avaient été long-temps absens, firent leur rentrée dans la grand'salle d'Opéra. J'assistai à la représentation de

___

(1) Roman de Smollet, dans le genre de *Tom-Jones*. (*Note du traducteur.*)

*Richard III*, de Weiss. Les grandes propor-
tions, la magnificence de l'édifice firent sur
moi une profonde impression. L'art dramatique est donc une chose bien importante,
pensai-je en moi-même, puisqu'en sa faveur
on élève un semblable palais!

Le rideau représentait le Parnasse. D'un
côté était un palmier auquel était suspendu
un faisceau d'armes, avec cette inscription :
*Hinc gloria, securitas* (1). De l'autre côté,
au-dessous d'un groupe d'instrumens de musique, de masques de théâtre et d'autres at-
tributs de la comédie, on lisait ces mots :
*Curarum dulce levamen.* (2)

*Dulce levamen!* Je lus et relus ces trois
mots; je les méditai, et j'en sentis toute la
justesse. Je me trouvai débarrassé d'un poids
énorme, quand ma pensée, après s'être occupée de cette inscription, se reporta sur moi-
même. Une main divine m'avait conduit près
de ce guide. Un seul instant de cette soirée
décida de ma vie entière.

_____

(1) Source de gloire et de sécurité.
(2) Douce consolation des chagrins.

Je jouis peu de la représentation de *Richard III*. Quelques passages marquans me saisirent et rallumèrent avec force mon ardeur pour le théâtre, qui était presque éteinte. Tout le reste ne me toucha pas. J'étais occupé de moi et de mon avenir. Pourquoi feignais-tu d'étudier la grammaire de Mark, tandis que tu n'avais de goût que pour l'art qui offre ainsi au public les aventures de Richard? Puisque tu peux un jour représenter ce prince, pourquoi ne voudrais-tu pas suivre ton penchant? Puis tout à coup les intentions de ma famille, les préjugés de ma patrie, l'embarras de concilier tant d'obstacles, se présentaient à mon esprit, et je sentais mon cœur oppressé. Je restai plongé dans ces rêveries jusqu'à la fin du spectacle.

Quand le rideau fut retombé, je le contemplai avec une émotion singulière. *Curarum dulce levamen!* Je relus ces mots à plusieurs reprises, je m'en détachai avec peine, et je courus à la maison plein de courage et d'espérance.

Dès ce moment, et je m'en repens bien aujourd'hui, je m'éloignai décidément de tout

3

ce qui appartenait à la grammaire latine. Je
lus des comédies, j'assistai à leur représentation, avec goût, avec application. Je donnai
à l'art dramatique tous les soins que j'aurais
dû donner aux autres sciences; j'étais convaincu que je commençais à travailler pour
ma vocation.

On concevra facilement que je ne me livrais
à ces études qu'en secret, et que sans cela je
me serais vu, non seulement exposé à des me-
nées sourdes, à la contradiction, à l'aigreur,
mais j'aurais encore causé un vif chagrin à ma
famille.

Plus j'avais à souffrir pour cet art, plus il
me devenait cher. J'avais des dispositions
pour les arts, je ne m'en sentais aucune pour
les sciences. Quelquefois je voulais m'efforcer
de contrarier mes propres goûts pour me conformer aux vœux de mes parens; quelquefois
je me rendais sur le Windmuehlenberg, et
je cherchais à y rappeler mes anciens rêves.
Mais c'était en vain. Je pouvais pleurer en
voyant qu'ils s'étaient évanouis; je pouvais
pleurer sur l'absence de mon frère bien-aimé,
et sur la cruelle destinée qui ne me permettait

plus de passer ma vie auprès de lui. Ah! je devais gémir de ce qu'il ne m'était plus permis de jouir dans ces lieux d'une douce tranquillité. Je gravissais tristement la montagne; mais il n'y avait plus dans le voisinage aucun clocher qui m'attirât et qui me fît souhaiter de fixer près de lui mon habitation. Ma destinée future m'appelait loin de ces lieux, loin de ces montagnes qui se confondaient avec l'azur des cieux. Mais où m'appelle-t-elle? m'écriais-je; et, versant des larmes amères, je parcourais la campagne. Où m'appelle-t-elle? disais-je à voix basse; et les larmes me permettaient à peine de trouver le sentier. Je luttais en sanglottant contre le présent et l'avenir, contre mes vœux et les désirs de ma famille; contre la voix toute puissante qui se faisait entendre en moi, et les cris impérieux du préjugé.

Hors de moi-même, je reprenais le chemin de la maison. Arrivé près du cimetière de Neustadt, je m'arrêtais tout à coup, et contemplais en silence ce champ de mort. Ah! me disais-je, parmi ceux qui reposent ici, combien n'y en eut-il pas dont le cœur fut,

ainsi que le tien, en proie à un combat intérieur! Sortis de la terre, tournant sans cesse
dans un cercle qui environne notre tombe, la
mort nous y entraîne enfin; le vent agite les
fleurs du gazon qui nous recouvre, et celui
qui s'en approche nous saura-t-il gré du
triomphe que nous avons pu remporter sur
ces orageux désirs, dont le but n'est point sur
la terre, et qui sont peut-être ce qu'il y a de
meilleur en nous?

Je m'approchai du lieu où étaient ensevelis
mes parens du côté maternel, et là, sortant
de ma rêverie, je laissai couler mes larmes en
liberté. En ce lieu, m'écriai-je, reposeront
aussi ceux qui m'ont donné le jour! Faut-il
qu'à cause de moi ils y reposent avant le
temps?... L'herbe qui croissait sur le tombeau de mon grand-père, agitée par le vent,
se balançait avec lenteur.... Saisi de frayeur,
glacé d'épouvante, je détournai tout à coup
les yeux de ce spectacle, et rentrai précipitamment en ville.

L'espoir de tout concilier pour le mieux,
et sans chagriner personne, me ranima bientôt; et loin de renoncer à mes projets, je me

livrais à l'art dramatique avec une nouvelle
ardeur. Pendant que j'étais ainsi tout entier
à la carrière que j'avais choisie, je ne m'oc-
cupais que peu, et même point du tout, de
celle que l'on aurait désiré me voir embrasser.
Mais je renfermais étroitement mon secret en
moi-même, afin que personne ne pût même
le soupçonner; et je le sens bien, cette dissimulation devait me rendre plus odieux, plus
méprisable aux yeux de tous ceux qui, n'étant
point instruits des orages qui m'agitaient in-
térieurement, devaient ne voir en moi qu'un
jeune homme paresseux, de mauvaise volonté
et même méchant, à me juger d'après quelques excès auxquels me portait l'exaltation
de mon esprit. Une seule âme ne perdit jamais confiance en moi.

Les morts étaient mes seuls confidens. Soit
que chaque jour, sans m'en apercevoir, je me
fusse accoutumé à porter mon chagrin dans
ces lieux; soit que celui qui souffre, trouve
du soulagement là où il n'y a plus de souffrances, lorsque je ne pouvais plus demeurer
ailleurs qu'avec malaise, je me sentais entraîné dans ce triste séjour, et en contemplant

la porte obscure qui y conduisait, ces mots *Curarum levamen* se présentaient à mes esprits, mais avec une signification bien différente.

Sur les anciennes pierres sépulcrales se trouve ordinairement l'histoire détaillée de ceux dont elles recouvrent les restes. On y apprend que l'honorable, l'estimable, l'incorruptible, le courageux N., né dans un pays lointain, après avoir été pendant sa jeunesse en butte à l'adversité, trouva une patrie dans ces lieux, la félicité dans son union avec une jeune fille honnête et vertueuse, et le bonheur temporel dans l'exercice de l'emploi qui le nourrissait; qu'il s'était doucement et pieusement endormi dans le sein du Seigneur. Je lisais ces inscriptions avec une véritable édification.

Il lui avait donc aussi été impossible de prospérer là où il avait reçu le jour; sa jeunesse avait aussi été orageuse, son cœur et ses désirs avaient aussi cherché ailleurs une patrie; les pleurs et les soupirs l'accompagnaient aussi, et peut-être avait-il répandu bien des larmes avant de descendre dans la tombe. Oui; mais aussi il fut honorable, estimable, incorruptible, courageux, et il s'est doucement endormi.

Hé quoi! ce qui déchirait mon cœur était-il donc si affreux et si déshonorant? et pourquoi faudrait-il donc voir durer éternellement les combats intérieurs qui me causaient tant de peines et de chagrins?

*Va dans le pays que je t'indiquerai!* Telle était l'inscription qu'on lit sur le tombeau d'un étranger né à Iserlohn (1). Ces mots firent sur moi la plus vive impression. Oui, m'écriai-je, le destin me montrera la route, et je la suivrai!

A force de me rendre dans le cimetière, j'avais fait la connaissance des fossoyeurs. J'étais, comme l'oiseau du matin, le premier qui parût dans leur domaine, et le véritable motif de mon apparition dans ces lieux se déguisait sous l'apparence d'une simple curiosité.

Ces hommes sont une chronique vivante bien redoutable. Leurs jugemens sont rigou-

(1) Petite ville de Westphalie.

reux et immuables. Avec la connaissance qu'ils
ont du néant des choses humaines, comment
les grandeurs humaines pourraient-elles retenir leur langue? Ils ne témoignent leur respect à l'homme riche ou à l'homme de qualité
qu'en augmentant de quelques pieds la pro-
fondeur de sa fosse.

Cela me paraissait bien triste. Plus le voile
est léger, disais-je, plus l'image a de charme
à mes yeux. Non, me répondit l'homme à la
bêche; ceux que j'honore sincèrement, mon
successeur ne les déterrera pas, car je les dé-
pose assez avant dans la terre pour qu'ils y
restent jusqu'à ce que Dieu les appelle.

Cependant la troupe de Schröder vint à
Hanovre, et le talent brillant de Brockmann,
le génie du grand Schröder et de sa belle-
sœur portèrent au plus haut degré mon ardeur
pour le théâtre. Je n'étais plus maître de moi.
Mon amour pour cet art m'entraînait presque
tous les jours dans son temple. Toutes mes
relations s'y opposaient, les coutumes de notre
maison, qui vivait simplement et cordialement, mais d'après l'ancienne manière, suivant, dans ses usages et dans la distribution

du temps, un ordre invariable, fondé sur les
meilleures intentions et sur la persuasion que
c'était le moyen d'assurer le salut de chacun
de ses membres. Je me voyais donc réduit à
dissimuler, par d'odieux artifices, les infrac-
tions que je faisais à ce genre de vie ; sinon les
suites en étaient également pénibles et fâcheuses pour tous les partis. C'est ainsi que
commença pour moi et pour les miens une
bien triste vie. Comment aurais-je osé dire ce
qui se passait en moi? comment aurais-je pû
(on était alors en 1772) espérer quelque
concession? aurais-je pu blâmer celui qui
n'aurait regardé ma passion pour l'art dramatique que comme un penchant pour la
licence?

A cette époque, j'entrai dans la première
classe du collége. L'état de mes connaissances
ne m'y donnait aucun droit, et comme alors
cet établissement dirigé par le digne Ballhorn,
et particulièrement la classe où je me trouvais,
était dans l'état le plus florissant, comme d'excellentes têtes y captivaient l'attention du professeur, on peut juger si je m'y trouvais dé-
placé, quelle triste figure j'y devais faire, et

combien le sentiment d'une pareille position devait me causer de souffrances! Cependant ceux qui m'avaient envoyé dans ce collége ne méritent aucun reproche.

Une année d'application eût tout remis dans l'ordre, et ils pouvaient supposer que le mécontentement excité par ma négligence m'avait, plutôt que tout le reste, amené en quelque sorte au point où je me trouvais.

Ce qui m'enleva et devait m'enlever toute confiance en moi-même et toute ardeur pour le travail; ce qui, mon amour pour l'art dramatique excepté, me faisait vivre dans la paresse et l'indolence; l'anxiété où me mettaient pour le présent les événemens journaliers, et pour l'avenir les orages auxquels mon plan serait exposé; les dangers toujours croissans au milieu desquels je vivais, et que je ne pouvais oublier un instant qu'en faisant de temps en temps, dans mon désespoir, quelque tour bien gai et bien fou, tout cela, personne ne pouvait le savoir, personne ne pouvait ni me juger ni me guider.

La tendre sollicitude de mes parens soupçonna que la dissipation dans laquelle ma vi-

vacité m'avait entraîné, était la cause de tout
ce qui n'était pas en moi comme il aurait dû
être. Ils s'occupèrent avec beaucoup de bonté
d'y apporter remède, et ils engagèrent M. Richter, pasteur à Springe (1), à me prendre chez
lui pour y faire mon éducation.

Aujourd'hui, en jetant les yeux sur ma carrière passée, je sens que si mes parens eussent
pris ce parti quelques années plus tôt, ils eussent atteint le but qu'il n'était plus possible
d'atteindre désormais.

Celui que le génie d'un art a animé de son
souffle vivifiant, veut créer et donner l'existence aux créations de son imagination. Il ne
peut apprendre que ce qui le conduit à ce
résultat; toute autre science est pour lui sans
intérêt. Cependant mon séjour à Springe me
fut d'une grande utilité. Je dois beaucoup de
reconnaissance à M. le pasteur Richter, pour
son indulgence, sa cordialité, ses leçons dic-
tées par le goût le plus pur; je lui dois ce qui
fait aujourd'hui mon bonheur, et ce qui me
rend digne d'avoir des amis.

(1) Ville du Hanovre. (*Note du traducteur.*)

Je ne pus m'éloigner de Hanovre sans une
vive douleur. Le soir qui précéda mon départ, j'allai prendre congé de la salle d'opéra;
et quand je me séparai de ma famille, je sentis mon cœur déchiré.

Je fus reçu à Springe avec bonté, on m'y
traita avec amitié, et mon digne instituteur
fit tout pour dissiper mon chagrin et me tenir en bonne humeur.

Je ne fis pas d'insignifiantes promenades
par monts et par vaux; mais on me permit
d'aller quelquefois sur le sommet d'une montagne contempler la tour de Hanovre, près
de laquelle demeurait ce que j'avais de plus
précieux et de plus cher au monde. Non loin
de cette tour était le but de mes désirs, *curarum dulce levamen!* Au milieu de ces forêts
et de ces bois, je ne le perdis jamais de vue;
et, dans cette solitude, je traçais le plan de
mon avenir.

M. Richter lut avec nous le traité de Cicé-
ron, *de Officiis,* et nous l'expliqua avec autant de délicatesse que d'énergie. Les *Essais*
de Montaigne, qu'il m'avait fait lire, étaient
souvent le sujet de nos entretiens; et sa con-

versation sur une pareille matière était pleine d'érudition, d'esprit et de verve.

Il me mit entre les mains les meilleurs poètes, et se donna toute la peine possible pour me faire comprendre les beautés que je pouvais sentir.

J'ai des obligations infinies à cet homme respectacle, et je ne les oublierai jamais. C'est de lui que j'appris à connaître les bonnes manières; c'est lui qui me donna l'usage du monde, dont je n'avais eu aucune idée jusqu'alors.

Pendant mon séjour auprès de lui, il ne fut plus question du théâtre, si ce n'est lorsqu'on annonça la mort de Charlotte Ackermann. Avec quel intérêt les papiers publics parlèrent de cet événement, de cette actrice, de l'art qu'elle professait! Quel aliment, quel encouragement pour mes sentimens et ma résolution!

Les fonctions de M. le pasteur Richter ne lui permirent de me garder auprès de lui que jusqu'en 1775. Je retournai à Hanovre, et fus replacé au collége. J'y remplis long-temps mes devoirs avec soin, mais à contre-cœur;

car je regardais chaque pas que j'y faisais en avant, comme un pas qui m'éloignait de ma passion dominante.

Quand je m'examine bien aujourd'hui, je crois qu'il ne m'était pas désagréable que le défaut de connaissances me mît dans l'impossibilité d'aller à l'académie.

Je n'étais jamais oisif. Je lisais, je recherchais, je méditais tout ce qui pouvait me former à la profession de comédien ; mais je ne faisais presque rien de ce qui pouvait me former à celle de prédicateur.

L'*Hamlet* de Brockmann excita l'enthousiasme de tous les jeunes gens qui avaient quelque vivacité. Quelle agréable sensation il fit sur moi ! La représentation de cette tragédie me révéla le sentiment du sublime, du merveilleux, du grandiose qui jusqu'alors m'avaient été inconnus.

A partir de cette époque, la musique devint pour moi un langage noble, tout puissant, expressif. Elle était mon amie, ma consolatrice ; elle faisait naître en moi les plus nobles, les plus généreux sentimens. Elle élevait mon âme, elle lui parlait, elle répondait à ses besoins comme jamais personne n'avait pu y répondre. Mon frère avait coutume de jouer du violoncelle, et les sons de cet instrument m'inspiraient une douce mélancolie.

Quand je ne pouvais entendre de la musique, ni voir représenter une pièce de théâtre, je me rendais au cimetière, et là, au milieu de cette silencieuse assemblée, je songeais à l'objet de mes vifs désirs, et je rêvais à l'avenir.

Comme je fus aperçu dans ces lieux, et que l'on interpréta mal le motif qui m'y conduisait, je m'en éloignai, et me retirai dans d'autres solitudes; et enfin dans un endroit appelé le *Schnelle-Graben* (1), où la Leine se précipite d'une très grande élévation.

Je contemplais avec plaisir cette chute d'eau, et je me sentais plus calme à la vue du tableau qu'offraient les vagues écumantes, lorsque, se perdant dans le courant, elles devenaient tranquilles et limpides. Ni l'orage, ni l'ardeur du soleil, ni la pluie, ni la gelée

(1) Le canal rapide.

ne pouvaient me détourner de ces promenades. C'étaient là les momens de l'étude, de
la méditation ; c'était alors que je m'entrete-
nais avec moi-même , que je réfléchissais sur
les destinées humaines, que je jouissais de la
nature. Elles m'étaient devenues indispen-
sables, et ne me causaient aucun désavan-
tage. Cependant elles me faisaient perdre plusieurs leçons de théologie, et d'autres instructions que je n'aurais jamais dû laisser
perdre.

Un jour cependant je me recueillis, et,
pénétré du sentiment de mes devoirs, j'assistai de nouveau aux leçons avec la plus grande
exactitude. Mais, dans l'une d'elles, il était
très longuement et très singulièrement question du cheval gris de Mahomet ; dans une
autre, c'étaient des choses sublimes et inin-
telligibles sur le dogme de la justification (1).
Cela n'était pas engageant.

Dans le même temps fut ouverte l'école

---

(1) On appelle, en théologie, *justification* le passage de l'état de péché mortel à celui de la grâce.
(*Note du traducteur.*)

dramatique dont parle le bon Reiser dans
l'histoire de sa vie. Nous étions l'uu et l'autre
animés des mêmes sentimens ; et tout ce qu'il
a dit sur cet établissement, comme tout ce
qu'il a écrit sur les événemens de sa vie, dont
je connais tous les détails jusqu'à son départ
de Hanovre, est de la plus parfaite exactitude et de la plus grande vérité. Que la paix
et la bienveillance accompagnent toujours sa
mémoire!

Je jouai dans cette école comme un jeune
homme dont l'art dramatique captive uniquement l'esprit et le cœur. Cet essai de mes
forces fit plaisir. Cependant j'étais resté au-
dessous de mon idéal, et je m'aperçus très
bien de la différence qu'il y a lorsque l'on
sent une chose mieux qu'on ne la comprend.
Je reconnus les grandes difficultés de cet art;
et cela augmenta encore son importance à
mes yeux. Je sentis vivement que, pour aller
un jour plus loin, il n'y avait plus de temps
à perdre.

Il me semblait que je serais coupable, si
je souffrais que mon père fît les frais de
mon année académique, tandis que j'entrerais

4

dans une carrière que lui et le plus grand nombre regarderaient comme opposée à leurs vues. Je résolus donc de m'échapper sans délai, et de commencer mon pèlerinage pour l'étude de mon art et mon année d'apprentissage.

Je n'avais jamais fait de plus long voyage que celui de Springe, à trois lieues de Hanovre; mais un voyage à Pétersbourg me semblait, dans mon projet, une promenade devant la porte.

Plusieurs plans furent faits, rejetés, choisis, arrêtés, discutés avec quelques uns de mes confidens; un seul devait exécuter avec moi mon entreprise.

Le jour fut fixé. Une maladie grave de mon père différa l'accomplissement de ce dessein; et cet accident faillit anéantir ma résolution. Il m'était tout-à-fait impossible de faire, dans une pareille circonstance, une chose qui, je le savais bien, serait totalement opposée aux projets, aux désirs, aux espérances, aux sentimens de mon père.

Le sacrifice pénible que je faisais me donnait ce contentement que nous fait goûter la conscience de notre valeur personnelle. Mon cœur pur se réjouissait de tous les symptômes de guérison, et j'étais fier du sacrifice que j'avais été capable de m'imposer.

Je fus très laborieux pendant tout ce temps-là. Je ne faisais aucun effort pour réprimer mes passions; mais aussi je ne faisais rien pour en entretenir la flamme. J'abandonnai à l'aveugle hasard le soin de déterminer ma vocation; et dès lors je remplis sérieusement les devoirs de ma classe.

Suivant un usage de cette ville, tous les dimanches, dans l'après-midi, un écolier doit du haut de l'orgue lire, dans l'église du marché, l'Épître, et une instruction à ce sujet, composée par le prédicateur.

Cette lecture se faisait d'un ton de voix si perçant et si monotone, que personne ne pouvait ni l'entendre, ni la comprendre.

J'examinai attentivement s'il ne serait pas possible, avec une voix d'une étendue ordinaire, de faire, dans ce vaste édifice, une semblable lecture, sans mugir et sans chanter; mais d'une manière tout à la fois distincte, animée, persuasive et intéressante.

On assure que mon essai réussit ; du moins l'auditoire, quoique le dimanche après midi il soit ordinairement appesanti par les plaisirs de la table, se tourna, avec quelque intérêt, du côté du lecteur.

Ce léger succès donna une nouvelle force à l'idée que j'avais eue autrefois de remplir les importantes fonctions de prédicateur. Je cherchais à maîtriser ma passion pour l'art dramatique. Et si, pour cette raison, les choses prenaient autour de moi une teinte mélancolique, cette position m'était cependant plus agréable que désagréable.

Bientôt je rentrai en grâce auprès de ceux auxquels j'avais tant à cœur de plaire. Mon âme était ouverte à tout le monde ; j'étais animé des meilleures intentions. Je vécus ainsi long-temps dans l'heureuse candeur de l'enfance, et j'eus, dans cet intervalle, des momens où je pouvais me livrer à la gaîté et à la joie la plus pure.

Que pouvait attendre de moi celui qui ne savait pas d'où provenaient et où tendaient ces continuelles fluctuations de mon âme ? Je n'accuse personne de n'avoir pu, au milieu de ces passages continuels d'une résolution à une autre, de ces alternatives de bonne et de mauvaise humeur, comprendre ni discerner comment les plus grands défauts pouvaient se trouver réunis aux meilleures qualités. L'anathème fut prononcé : ce jeune homme est un hypocrite ; et, bien plus encore, ma conduite me donnait en effet cette apparence.

On ne faisait aucun cas de moi, et je ne savais presque plus où j'en étais avec moi-même. Je me défiais de moi, j'allais même jusqu'à me mépriser.

Une seule âme n'a jamais perdu toute confiance en moi, et c'est par son secours que j'ai pu conserver quelque énergie.

Il se passa bien du temps avant que j'eusse le courage de repousser les offenses que l'on faisait à mon cœur. A la vérité, je trouvais en moi la plupart des défauts, mais je n'y voyais rien de pervers. Cela me donna d'abord de l'aigreur, puis enfin je tombai dans la stupidité et l'insensibilité.

C'est alors que, pendant une nuit, je lus *Werther*, avec Antoine Reiser, sur le Steinkrug, au pied du Deistergebirge.

Ce livre m'embrasa de la flamme la plus vive A cet éclat inattendu, je ne fus plus maître de ma volonté. Je sentis alors plus d'une bonne qualité se ranimer en moi ; je sentis que je n'imprimerais à mon front aucune marque honteuse, en quittant une carrière que suivent tant d'êtres oisifs et nonchalans.

Réveille-toi, m'écriai-je : ta destinée t'appelle, tu es maître de ta carrière ! Fais usage de ta volonté, brise les chaînes du préjugé, ne laisse pas réprimer ta force par d'indignes liens.

Peu de temps après je vis *Stella*, *Othello*, *Essex*, *Elfride*, *Clavigo ;* chacune de ces représentations m'entraîna vers mon but.

Les visites trop fréquentes que je faisais au théâtre, apportèrent le désordre dans toute ma personne, excitèrent le mécontentement de ma famille, et renversèrent toutes les lois intérieures de notre maison. L'opinion qu'on avait eue de moi était bien affaiblie ; tout cela achevait de la détruire. Je vis bien qu'une explosion terrible me menaçait, sans pouvoir la prévenir.

Le 21 février 1777, on représentait la

pièce intitulée : *Der Eheschene*, c'est-à-dire *L'Homme qui a peur du mariage*. Pendant le troisième acte, je fus rappelé à la maison. En quittant le théâtre, je pressentis que ma destinée était sur le point de se décider.

Placé sur l'escalier des premières loges, et poussant un profond soupir, je contemplai au-delà de la lune qui roulait ses ondes bouillonnantes, le triste spectacle d'une nuit d'hiver, obscure et orageuse. J'embrassai convulsivement la rampe, et je restai silencieusement dans cette position.

Mes forces sont épuisées, m'écriai-je ; le feu qui me dévore m'aura bientôt entièrement consumé..... Cet état doit finir. Je reviendrai dans ces lieux, comme acteur, ou je n'y remettrai plus les pieds que lorsque je serai devenu prédicateur ! Et, en vérité, j'aurais persévéré dans cette résolution.

Un seul instant, dans la soirée, fixa ma détermination. La violence à laquelle on me provoqua, excita l'ardeur de mon sentiment pour ce qui me semblait le mieux, sentiment dont personne ne soupçonnait l'existence en moi.

C'en était fait. Mon sort était décidé.

Mon état continuel d'incertitude me devenait insupportable. La mésintelligence dans
laquelle je vivais avec tout le monde, minait
lentement ma santé. L'année que je devais
passer à l'académie était déjà commencée. Désormais je ne pouvais plus espérer à Hanovre
ni bonheur ni paix.

Je luttai contre toutes ces pensées, pendant la durée d'une longue nuit. Il est impossible d'avoir une nuit plus pénible avant
la mort.

De grand matin, je demandai la permission
de faire un voyage à la campagne. Je baisai la
main de mes parens, je détachai de la muraille un dessin qui offrait le portrait de mon
père, et, presque sans connaissance, je sortis
de la maison paternelle, et m'élançai dans le
monde.

Près des archives, à la même place où autrefois s'était décidé le sort de mon père, je
m'arrêtai, non pour réfléchir,..... non.....
mais ces mots : *Va dans le pays que je t'indiquerai!* se représentèrent à ma pensée, et
j'y puisai un nouveau courage.

Le premier jour de mon voyage, mon

cœur était navré ; je ne fis que répandre des larmes ; pendant le second, mon oppression fut plus douloureuse encore.

La beauté du pays qui entoure Munden (1) éleva mes esprits, et donna quelque relâche à mes chagrins. Mais quelle tristesse vint m'accabler, quand je franchis la frontière de ma patrie ! Je sentais que c'était pour toujours.

Avant de m'en éloigner, je contemplai le portrait de mon père que, quoique difficilement, je portais sur ma poitrine, renfermé dans son cadre. Le mouvement avait un peu effacé le dessin du côté des yeux ; il me sembla qu'ils étaient rouges de pleurs. Ah ! combien cette idée ébranla mon courage !

Je ne trouvai pas de théâtre à Francfort. M. Marchand était alors à Hanau, il me renvoya à la troupe de M. Restricht à Wetzlar.

Je quittai Hanau désespéré. J'ouvris devant le théâtre l'*Almanach dramatique*, et je choisis Gotha ; c'est-à-dire le nom d'Eckhof et ma confiance en lui m'attirèrent dans cette ville.

---

(1) Ville du Hanovre.

Avec moins d'argent que je ne pourrais le dire, avec plus de fatigue qu'on ne le croirait, je me traînai par monts et par vaux, soutenu par l'espérance.

Avant d'arriver à Gotha, je m'arrêtai sur le pont situé non loin de Sättelstädt; et là je méditai la harangue que je devais adresser à Eckhof. Je parus le lendemain devant lui. Je prononçai la moitié de mon discours; mais tout à coup les souvenirs du passé vinrent m'assaillir. Mellefont, Antiochus, Richard, Lincée, Codrus, Tellheim, Orosmane, apparurent à mes yeux et placèrent la couronne de laurier sur la tête d'Eckhof. Je pleurai, mon cœur adora le grand artiste; mais il me fut impossible de lui rien dire.

Il me tendit la main cordialement.... Il me sembla que l'initiation se répandait dans tous mes membres.

Sa protection décida mon admission. Je n'oublierai jamais ce service.

Le 15 mars 1777, je débutai à Gotha sur le théâtre de la cour.

Je vis encore de beaux restes du talent de l'immortel Eckhof, quoique cependant, dans

de certains momens, il fût encore doué de
toute sa force, qu'il fût encore d'une vérité
toute puissante sous le costume noble, et qu'il
produisît les effets les plus profonds avec les
moyens les plus simples. Plusieurs passages
du rôle du prince, dans *Jules de Tarente*,
celui de Sittmann, dans *Der Eheschene;* celui
de Billerbeck, dans *Geschwind eh' es jemand
erfährt* (vite avant que quelqu'un ne vienne
à le savoir), étaient encore rendus par ce célèbre acteur avec une énergie complète.
Était-ce l'art, était-ce la vivacité du sentiment, qui avait le plus de part à l'impression
qu'il faisait sur le public? C'est une question
que je ne puis décider, car il n'est plus là pour
y répondre. Tout ce que je sais, c'est qu'il
pouvait faire couler mes larmes quand il le
voulait; et je ne me souviens pas, ou du
moins il est arrivé bien rarement, qu'en ré-
fléchissant, je me sois reproché les larmes que
j'avais versées.

Böck possédait au plus haut degré les manières de l'homme du monde, et souvent le
son doux et flatteur de sa voix émut et pénétra les cœurs, dans des passages où le ton de

la persuasion et de l'attendrissement aurait
dû plutôt dominer.

Dans le même temps commençait à se développer le génie de Beil pour le haut comique. On ne pouvait dès lors méconnaître
la vérité, la force, la vie, la finesse de ses
tableaux.

Beck débuta en même temps que moi, donnant déjà les plus hautes espérances, et luttant
de toutes ses forces contre les difficultés de
son emploi.

Quant à moi, j'aurais succombé inévitable-
ment sous le poids de celles où m'avaient
engagé la vivacité, la précipitation, le découragement et l'inexpérience, si un homme généreux n'eût, avec une bonté toute particulière, relevé l'artiste chancelant, quoique dans
toute la force de l'adolescence, et ne l'eût
remis dans le bon chemin. Cet homme, c'était
Gotler.

Honneur à sa mémoire! Les larmes de la reconnaissance, un sentiment profond et filial,
sont le religieux hommage qui s'unirait à la
couronne dont je voudrais entourer son urne
funéraire.

Je lui dois tout ce qui plaît en moi comme artiste, tout ce qui fait mon bonheur comme homme. Il dirigea mes pas, m'écarta du mauvais chemin avec une patience infatigable, et accueillit avec une bienveillance sans égale mon retour aux bons principes.

Homme généreux! j'ignore si tu fus assez connu pendant ta vie. Mais je sais que jamais ni la haine, ni la malveillance n'entrèrent dans ton âme, quoique tu te sois vu en proie à bien des rigueurs. Tes dépouilles reposent dans la tombe, et avec elles toute mésintelligence a disparu. Ta patrie honore ton génie. Il vit encore dans tes élèves, et vivra toujours dans les créations de ton esprit.

Souvent, plein d'un vif regret, je pense à toi; mon œil s'obscurcit, quand je me rappelle l'expression de ton dernier serrement de main et la douceur de ton dernier regard.

Rapprochés par l'âge, la gaîté et l'amour de notre art, Beil, Beck et moi, nous vivions toujours ensemble. Nous étions les uns pour les autres des juges sévères. Souvent nous nous moquions entre nous de nous-mêmes; nous nous fâchions sans ménagement de nos gaucheries, de nos maladresses, soit dans les gestes, soit dans le débit, et lorsque l'un de nous avait aperçu dans l'autre quelque mouvement d'une vérité frappante, il le serrait tendrement dans ses bras. Quel beau, quel heureux temps!

Nous connaissions peu le monde. Ses rapports et ses lois ne nous causaient aucun chagrin rongeur. Notre art et ses ministres étaient l'objet continuel de nos entretiens, de nos discussions. Là, chacun de nous exposait ses doutes, son opinion, ou décidait la question en litige. C'est au milieu de ces douces jouissances et de celles que nous devions à la poésie; c'est au sein des plaisirs que procurent les arts, l'imagination, la nature, l'amitié et la gaîté, que nous passions nos délicieuses journées. Nous nous relevions souvent pendant la nuit pour reprendre notre conversation favorite. Souvent nous nous disputions sans avoir l'intention de le faire. Les voisins nous croyaient ennemis irréconciliables; et tout à coup ils entendaient l'explosion de la joie causée par le résultat que nous venions de trouver. Quelquefois, dans la vivacité de nos entretiens, nous allions sans but et presque sans nous en apercevoir, nous promener avant le jour hors de la ville. Nous ne faisions aucune attention aux personnes que nous rencontrions; nous ne demandions pas le nom des villages que nous traversions, et nous nous inquiétions fort peu si le soleil était brûlant ou s'il pleuvait à verse, jusqu'à ce qu'enfin nous arrivions sur une montagne ou dans une forêt. Là, nous nous reposions sous ses ombrages, nous nous baignions dans ses étangs; puis nous allions chercher notre dîner frugal dans la chaumière la plus voisine, ou même nous nous contentions de le déterrer dans quelque champ, et nous le faisions cuire sous la cendre. Aux approches de la nuit, nous nous remettions en route, guidés par l'éclat de la lune, et nous retournions dans notre demeure, aussi joyeux et aussi contens que nous en étions partis.

Les hommes ne nous comprenaient pas; mais nous étions bien heureux. Nous étions les êtres les plus heureux de tout le duché.

L'épuisement prochain, ou même complet de nos ressources, tant en argent qu'en objets

à l'aide desquels on peut s'en procurer (circonstance qui distingue d'une manière si remarquable la carrière théâtrale et la vie académique), n'était que rarement pour nous
un motif d'inquiétude, jamais un motif de
chagrin ; souvent même c'était l'occasion d'une
fête où éclatait la gaîté la plus folle, la joie
la plus bruyante. Le jour où nos trois caisses
étaient décidément vides était pour nous
un jour de réjouissance. Nous rassemblions
tous les débris de notre fortune, et nous in-
vitions un convive aussi peu riche que nous,
et qui apportait à la masse une contribution
encore plus faible. Un jeune homme partait
en avant, portant dans une corbeille l'espoir
de notre dîner, et la société joyeuse se rendait de grand matin dans le bois de Siebeleb,
et campait sous son ombrage.

Jamais, non jamais je n'oublierai les jours
de fête passés dans cette belle forêt. Excepté
nous, personne n'était dans l'usage de la visiter. C'est auprès d'une fontaine qui a sa
source à l'entrée du bois, que nous prenions
ordinairement notre repas. Au-dessous de nous
s'étendaient les plaines fertiles de ce pays, si

beau, si riche, si paternellement gouverné.
A notre droite étaient le Seeberg et les châteaux de la famille de Gleichen ; à gauche, la
charmante ville de Gotha, et le mont Brocken,
aussi bleu que les nuages, formait le dernier
plan de ce tableau romantique.

Un jour nous descendîmes à travers champs
de l'autre côté de la montagne, et nous passâmes la nuit à Weimar. Nous ne pensions
point à dormir ; mais, errant au clair de la
lune, nous vînmes nous arrêter devant le
clocher d'un village situé près de là. Le bruit
du balancier de l'horloge nous rendit tout à
coup silencieux et rêveurs. Pendant assez long-
temps personne ne fit entendre une seule parole. Enfin quelqu'un chercha un rapproche-
ment entre notre position et l'instant où Hamlet
attend l'ombre de son père. Frappé de cette
idée, chacun de nous s'abandonna à son imagination, mais aucun ne parla. Nous enten-
dions notre souffle ; le frisson de la mort nous
avait glacés.

Le bruit du rouage de l'horloge retentit
dans l'antique tour, la cloche sonna, et nous
quittâmes la place l'un après l'autre.

Nous nous réunîmes hors du village. La vie, le prix qu'on doit y attacher, les moyens d'en fixer les instans, devinrent le sujet d'une conversation pleine de vérité et de sentiment.

Le jour suivant fut très beau, et nous le passâmes encore dans le bois de Siebeleb. Nous étions là chez nous; nous lisions, nous plaisantions, nous nous reposions; puis, chacun de notre côté, nous apprenions nos rôles, et les récitions.

Dans l'après-midi, on vint de Siebeleb placer un banc à l'extrémité de la forêt. Ceux qui l'avaient apporté s'éloignèrent sans nous remarquer.

Nous nous perdions en inutiles conjectures, quand, à l'entrée du bois, nous aperçûmes un des conseillers ecclésiastiques du voisinage. Il s'arrêta, muet, interdit et immobile. Des habits épars çà et là, des chapeaux suspendus aux branches des arbres, des hommes dont le vêtement était en désordre, déclamant avec feu des imprécations tragiques, un mobilier d'une espèce singulière dispersé autour d'un grand feu, tout en nous lui parut extraordinaire. Nous nous mîmes en rang, et ne pouvions le comprendre. Les deux partis se contemplèrent fixement. En ce moment, sa femme et ses filles gravissaient la montagne. Il se retourna aussitôt, leur fit signe de loin de rétrograder ; et, plein d'inquiétude, il regagna avec elles, et en les escortant par derrière, le lieu d'où ils étaient partis.

Un peu après, des paysans vinrent enlever le banc, et regardèrent de notre côté avec méfiance.

Maintenant il était évident que la sainte famille avait voulu jouir sur ce banc des beautés de la nature, et que la variété de notre groupe nous avait fait prendre par ce digne homme pour une assemblée d'esprits malins. Nous en rîmes beaucoup, et nous continuâmes notre genre de vie.

Nous montâmes sur les arbres avec peine, et en coupâmes du bois sec pour entretenir le feu qui devait nous préserver de la fraîcheur du soir. Nous le traînâmes auprès de notre foyer, en criant et en chantant ; et bientôt nous vîmes une flamme brillante s'élever dans les airs.

Aucun de nous ne pressentait que nous étions pour la dernière fois dans ces lieux.

Le jour finit très solennellement. Fatigués de nos joyeux divertissemens, et d'une promenade sur le Seeberg, nous vînmes nous reposer auprès du feu. Nous étions assis, absorbés dans la contemplation de la nature. L'un rappelait un souvenir de sa vie passée; l'autre, une anecdote d'Ernest-le-Pieux; un autre encore, un conte de Grimmenstein. Ensuite nous lûmes *le Moine* et *la Nonne sur le Mittelstein,* par Wieland; puis, après un moment de silence et de rêverie, nous parlâmes de notre avenir, de l'avenir en général, de l'immortalité de l'âme; et, versant de douces larmes, nous nous tendions la main pour resserrer les liens d'une amitié qui doit durer au-delà du tombeau.

Le soir, nous retournâmes à Gotha, occupés d'une conversation sérieuse. C'était, sans qu'aucun de nous s'en doutât, une fête d'adieux que nous avions offerte à ces charmans bocages, où personne de nous n'est plus retourné dans la suite.

Je veux faire mention ici d'une singulière aventure qui nous est arrivée à cette époque.

La scène nocturne devant le clocher, près de Weimar, avait laissé en nous une profonde impression. Nous pensâmes s'il ne serait pas possible d'introduire sur le théâtre, au moment où Hamlet attend le fantôme dans le cimetière, le balancier qui nous avait tant ému. Nous fîmes part de notre idée au machiniste. Ne nous comprit-il pas parfaitement (quoique cependant ce fût un homme intelligent), ou plutôt quelque esprit malin vint-il à la fin prendre part à la chose ; c'est ce que je ne saurais me rappeler exactement.

Bientôt on donna *Hamlet*. L'acteur qui remplissait ce rôle s'arrête, glacé d'épouvante, à l'approche de l'Esprit. Eckhof, qui le représentait, entre en scène. Hamlet frissonne devant les secrets de l'éternité. L'Esprit commence à parler.... quand tout à coup un bruit désagréable et monotone se fait entendre près de là ; et le public de rire.

Hamlet se retourne, et se fâche. L'Esprit regarde derrière soi de l'autre côté, et peste de toutes ses forces.

Le machiniste, qui ignore ce qui se passe, continue, d'un mouvement uniforme, à frapper deux petites planches avec une baguette de fer, qui devait figurer le balancier de l'horloge dans le cimetière danois.

Le rire et la rumeur redoublent parmi les spectateurs. L'emportement d'Hamlet et de l'Esprit s'accroît de plus en plus. Les acteurs et les garçons de théâtre abordent brusquement le machiniste, et lui demandent ce que signifie cet affreux tapage. Il leur répond en souriant : « C'est quelque chose de très nouveau, le mouvement du balancier ! » Cependant, quand on l'eut instruit des dispositions hostiles des premiers personnages tragiques, du rire bruyant de l'auditoire, il prévit sur-le-champ ce qui l'attendait à la fin de l'acte. Il commença donc à se défendre ; mais comme, dans le feu de la discussion, il n'avait pas quitté la baguette de fer, et que, sans s'en apercevoir, il frappait toujours plus vite sur l'une et l'autre planche, le scandale fut bientôt à son comble.

Le rire ayant aussi gagné ceux qui étaient venus lui adresser des reproches, il nous cita enfin comme ses autorités ; et, dans ce mot, il entra tellement en fureur, qu'il tambourina encore plus vite. Les rires devinrent plus forts, l'Esprit quitta la scène, et celui qui devait, sous le théâtre, représenter le vieux chercheur de trésors, jura d'une manière si terrestre, que le balancier, celui qui le mettait en mouvement, et ceux qui en avaient donné l'idée, prirent simultanément la fuite.

A la fin de l'acte, Hamlet et l'Esprit s'accordèrent tellement, qu'ils prononcèrent l'anathème contre les fugitifs ; mais ils ne tardèrent pas à se brouiller, parce qu'Hamlet se mit en colère contre l'Esprit, qui avait toussé ; ce qui était aussi répréhensible que le balancier du régisseur. Eckhof, qui avait joué ce rôle, lui répondit qu'un Esprit qui peut parler peut bien aussi tousser.

Le théâtre de Gotha, qui, d'après l'organisation d'alors, avait un personnel très peu nombreux, perdit encore peu à peu plusieurs artistes habiles ou agréables au public. La mort d'Eckhof, qui arriva au mois de juin 1778, enleva à ce théâtre non seulement sa

valeur intrinsèque, mais aussi son éclat et sa
renommée.

La direction d'alors ne s'appliquait pas assez
à marcher avec l'esprit du siècle. Il en résul-
tait une certaine monotonie qui troublait le
plaisir.

Il me semble que ce fut là le motif qui,
dans l'automne de 1779, porta le duc régnant
à congédier inopinément son théâtre. Comme
il ne lui coûtait pas cher, qu'il ne lui causait
pas le moindre embarras, et qu'il était fort
agréable au public, je ne puis attribuer cette
détermination à aucun autre motif. Ce que je
conçois bien, c'est que ce prince, qui était
excellent connaisseur, n'ait plus trouvé de
plaisir dans un établissement qui tombait tous
les jours en décadence, et qu'il n'ait pas eu la
patience d'en attendre l'amélioration, qui,
dans tous les cas, eût été longue et coûteuse.

Au mois de septembre 1779, le théâtre de
la cour de Gotha fut dissous. Le public se vit
avec peine privé de ce plaisir; et les comédiens se séparèrent de ce public bienveillant
avec des souvenirs pleins de reconnaissance.

Au moment où je quitte ce théâtre, et

avant que, entrant à celui de Manheim, je ne passe à une autre époque, qu'il me soit permis de dire un mot sur les comédiens allemands, tant anciens que modernes.

Les comédiens du temps passé apportaient incontestablement plus de soin et de précision que les nouveaux dans l'exécution de leurs rôles ; aussi étaient-ils, pour la plupart, beaucoup plus intéressans. Les pièces qu'ils avaient coutume de représenter avaient moins d'action, et les caractères y étaient plutôt fondus, pour ainsi dire, dans le dialogue qu'exprimés par des traits marquans. Cela obligeait les acteurs, s'ils voulaient intéresser d'une autre manière, à ne pas se contenter de réciter leurs longs discours ; mais à offrir une image réelle de l'homme, en s'efforçant de répandre la vie dans leurs rôles.

Cependant le parterre d'autrefois voulut enfin qu'on l'émût par une action intéressante dont il se vît forcé de suivre les développemens. Peu à peu les poètes et les comédiens furent obligés de se conformer à son goût, et de captiver l'intérêt de l'auditoire.

Cela supposait, du moins pendant les deux premiers actes, un certain calme ; mais un calme sans froideur, un calme animé par ces agréables riens qui caractérisent la vie réelle et le ton du monde. Cette tâche n'était pas facile à remplir.

Eckhof craignait les suites de la représentation des pièces de Shakespeare sur le théâtre allemand. Ce n'est pas, me dit-il un jour, qu'elles ne me fassent rien éprouver, ou que je ne trouve pas de plaisir à représenter les caractéres énergiques qui y sont tracés ; mais c'est qu'elles donneront à notre public la dangereuse habitude d'une nourriture trop substantielle, et qu'elles perdront entièrement nos acteurs. Celui qui débite les sentences énergiques et profondes de ce poète n'a presque absolument rien à faire que de les prononcer. L'enthousiasme que Shakespeare excite, rend tout facile au comédien. Bientôt il se permettra tout et se négligera entièrement. Telle était son opinion, et malheureusement il n'avait pas tout-à-fait tort. Combien de fois n'a-t-on pas vu substituer les cris à l'expression, la grossièreté à la force, la rudesse au naturel, et l'oubli de toutes les bienséances à l'originalité !

Nos théâtres actuels ne peuvent plus donner les pièces de Marivaux et de Destouches, comme on le faisait il y a vingt-cinq ans sur ceux d'Ackermann et de Seyler.

Combien n'étaient-ils pas agréables ces égards respectueux, cette galanterie délicate, que l'on avait alors pour les femmes dans les représentations ! Maintenant les poètes, et plus souvent encore les comédiens, les traitent avec impolitesse et dureté. A peine les honorent-ils d'un regard de côté, et rarement ils se dérangent de leur chemin quand elles changent de place.

On s'habille, on arrive sur la scène, on récite son rôle comme une leçon, on laisse entrer sans y faire attention les membres de la famille et les étrangers ; on attend sa scène à effet, alors on ne prend plus part à rien, on tiraille, quand cela s'échauffe, une demoiselle de condition comme une servante d'auberge, on l'étouffe en serrant sa poitrine contre la sienne ; on aborde son père comme un

valet, et, pourvu que tout cela soit fait avec
force, tout cela est pour le mieux.

J'espère qu'on ne me supposera pas assez
insensé pour vouloir dire qu'il n'y avait pas
de pièce de Shakespeare qu'on ait dû représenter. Mais, de ce qu'on les a jouées exclusivement pendant très long-temps, de ce qu'on
n'a donné que des ouvrages de ce genre, et
enfin des pièces chevaleresques, il est résulté
que le public et les comédiens ont perdu l'habitude de voir et de représenter ces peintures
fidèles de l'homme, qui cependant offrent au
cœur et à l'esprit un intérêt véritable, lors
même qu'elles ne l'offrent pas agité par les
plus violens orages. Un seul genre a gagné à
ce nouveau système, c'est celui du haut comique. Ces sortes de rôles sont joués par quelques acteurs, non pas d'une seule manière,
comme ils l'avaient toujours été, mais bien
avec une originalité et une vérité remarquables.

On a vu aussi par ce moyen disparaître un
certain esprit de corps qui régnait généralement, même dans la vie privée des comédiens, et surtout dans les relations des anciens

avec les nouveaux. C'est au commencement de notre carrière qu'apparut ce fantôme, mélange singulier d'orgueil et d'un penchant invétéré pour l'intrigue qui n'a pas encore perdu toute sa force. Il a effrayé plus d'un jeune artiste et lui a fait répandre des larmes amères.

Nous étions pleins de vénération pour le talent; mais si, par suite de ce travers, de cette dignité tragique hors de propos, la vanité s'introduisait dans les relations sociales, nous voulions bien ne pas la remarquer dans un homme de mérite; mais elle était en butte à nos railleries et à nos sarcasmes, quand elle se laissait voir dans un homme sans talent. Cependant la raison prit le dessus, le ton se changea, et bien des gens ne pouvaient plus comprendre comment ils avaient pu s'affliger autrefois de ce qui aurait dû plutôt les faire rire.

Par une imitation inexacte de ce qu'il y avait d'admirable dans Eckhof, et par une imitation servile de ses fautes, ou pour mieux dire de ses défauts, que l'on avait été si longtemps accoutumé à voir réunis à ses qualités brillantes, j'avais, après la mort de ce grand

acteur, entretenu le souvenir que l'on en con-
servait. Le genre de l'ancien haut comique
que je dus embrasser, me rendit cette entreprise plus facile.

Dès qu'il fut question de dissoudre la troupe
de Gotha, je renonçai promptement à cette
méthode vicieuse ; je suivis autant que je le
pus ma propre route, afin de pouvoir la continuer ailleurs.

Quinze jours après la clôture du théâtre,
le baron de Dalberg écrivit de Manheim à
M<sup>me</sup> de Lichtenstein, femme du ministre de
Gotha. Il proposait, au nom de l'électeur du
Palatinat, de nous engager presque tous, et
j'étais du nombre des élus.

Je ne me sentais pas disposé à accepter ces
offres. Hambourg, Schröder, le théâtre de
celui dont l'admirable talent m'avait si souvent enchanté, tel était le but où tendaient
tous mes vœux. Je refusai donc nettement.
Un envoyé de M. de Dalberg vint à Gotha
pour conclure les engagemens dans les formes.
Beil et Beck signèrent les leurs. Moi seul je
refusai les offres qui me furent réitérées avec
instance. J'aurais cru commettre un crime

en ne consacrant pas mes services au théâtre de Hambourg, théâtre que je pouvais considérer comme ma première école. Une circonstance imprévue me décida à prendre un parti contraire.

Nous allâmes un jour, à cette époque, nous promener tous les trois à Eisenach. Nous prîmes du café à Wartbourg (1). Il faisait un beau jour de printemps. Nous visitâmes le vieux château de tous les côtés. Nous errâmes long-temps au milieu de ses vieilles murailles, nous abandonnant aux impressions que ce spectacle nouveau pour nous devait faire sur nos esprits. Nous nous reposâmes enfin sur un balcon : dans ce moment de la journée, le soleil répandait doucement ses rayons sur la forêt qui se trouvait au-dessous de nous, et sur le grand chemin qui conduit à Francfort. Nous jouîmes de ce tableau avec un sentiment extraordinaire. Je gardais un silence profond; et il semblait que mes deux compagnons en parlaient avec une vivacité d'autant plus

_____

(1) Ancien château, situé sur une montagne près d'Eisenach ; on a de ce château une vue admirable.

bruyante. Ils s'occupaient surtout de leur prochain voyage à Manheim : « Bientôt, disaient-
ils, nous prendrons tous cette route qui ser-
pente là-bas devant nous; bientôt nous salue-
rons le Rhin. »

Ainsi donc je devais passer seul par Heil-
genstadt, Dingelstadt, et par les bruyères de
Lunebourg, près de l'Elbe, sur les bords duquel on ne rencontre pas de vignobles. Alors
vinrent s'offrir à mes esprits le *Moine* et la
*Nonne*, ainsi que les rochers qui ont si bien
inspiré Wieland. Je me rappelai l'amitié ci-
mentée dans le bois de Siebeleb. Je regardai
la route de Francfort, nous nous embrassâmes, il ne fut plus question du voyage de
Hambourg, et il fut convenu que j'irais à
Manheim. Je signai mon engagement le lendemain; et dès lors nous ne vécûmes plus que
pour ce voyage. Nous voguions déjà sur les
eaux larges et majestueuses du Rhin, nous
nous reposions à l'ombre des vignobles, nous
montions dans les vieux châteaux de cheva-
liers. Nous passâmes, dans le pressentiment
de tous ces plaisirs, la plus grande partie de
l'année.

Avant qu'elle ne fût entièrement écoulée, j'allai faire une visite à mon vénérable père; c'était la première depuis que j'avais, de ma propre autorité, embrassé la carrière théâtrale. Il est encore présent à ma pensée ce jour si pénible, si solennel et si beau! C'est en recevant la bénédiction paternelle que je préludai à mon voyage de Manheim. Je tire doucement le rideau sur ce tableau. Quand je ne serai plus, on lira sur cet homme respectable et sur ce jour des choses faites pour toucher les cœurs sensibles.

Plus le mois de septembre approchait, plus nous étions effrayés de l'avenir qui nous attendait à Manheim. Nous nous réjouissions d'avance d'habiter une ville dont le goût pour les beaux-arts était bien connu; mais comme la cour y avait, pendant long-temps, entretenu un bon théâtre français, indépendamment du grand opéra italien, qui était excellent; comme beaucoup d'Italiens et de Français y étaient employés ou domiciliés, et comme Manheim est tout-à-fait dans le voisinage de la France, nous craignions qu'on n'y exigeât peut-être de nous plus de grâce

6

que de vérité. Il est vrai que nous étions sûrs de ne pas donner à la vérité l'expression la plus dure; mais aussi nous sentions bien qu'il nous manquait l'éloquence du geste, si le public voulait nous juger exclusivement sous ce point de vue.

Je me souviens que Beil et moi nous nous amusions assez souvent, dans notre chambre, à jouer ensemble quelques rôles dans le style exagéré des Français. Une fois, en nous promenant à minuit sur le marché de Gotha, nous répétâmes de cette manière la scène de querelle entre Gröbing et Billerbeck, dans *Geschwind eh' es jemand erfährt* (vite avant que personne ne l'apprenne). Nous nous trouvâmes l'air gauche, nous nous moquâmes de nous-mêmes, et résolûmes de conserver notre méthode et de nous montrer à Manheim tels que nous avions toujours été.

Comme il s'agissait de jouer en présence de l'électeur du Palatinat, et que c'était de lui que notre réputation et notre sort devaient dépendre, nous cherchâmes à nous procurer son portrait, afin que nous pussions, en voyant ses traits, conjecturer quelle serait l'impression que notre jeu ferait ou ne ferait pas sur lui. Enfin nous trouvâmes ce portrait à la foire, chez un marchand d'estampes : sa physionomie m'inspira de la confiance, et nous le regardâmes tous avec autant d'intérêt qu'un prince lorsqu'il contemple le portrait de sa future qu'il ne connaît pas encore.

Le voyage de Manheim fut gai, bruyant et folâtre. Le passage du Rhin, près d'Oppenheim, nous remplit d'un joyeux enthousiasme. Nous fîmes entendre des chants d'allégresse, lorsque notre bateau s'éloigna du rivage. Mais à peine étions-nous débarqués, à peine la barque se fut-elle éloignée, que je devins silencieux et rêveur. Je me croyais loin de l'Allemagne. Je sentis vivement que j'étais séparé de tous ceux qui m'étaient chers; bref, j'étais hors de l'Allemagne! En ce moment, personne ne pressentait encore qu'un jour cela serait en effet. Pendant le reste du voyage, ma gaîté disparut : à peine pouvais-je rire de nos plaisanteries ordinaires, lorsque nous nous arrêtâmes pour la dernière fois à Worms.

Notre entrée à Manheim eut lieu un dimanche matin. Il pleuvait; le temps était sombre et froid ; la plupart des habitans étaient à l'église. Aussi la ville me parut-elle déserte. Je me jetai dans le premier logement qui se présenta.

Je me trouvais là sans guide, sans aucune connaissance. Les idées les plus tristes venaient assaillir mon âme, et je ne voyais pas un seul endroit où j'eusse désiré de bâtir une cabane.

Le lendemain était un jour de foire. Le vacarme qu'elle occasionna dans la ville, un grand vauxhall où la société me parut animée par la joie la plus franche, la musique, les chants qui partout dans la ville et dans la campagne résonnaient autour de moi, tout fit bientôt sur mes esprits une impression plus gaie que celle de la veille.

Il fut bientôt question d'ouvrir le nouveau théâtre, en présence de l'électeur. En conséquence, l'intendant, M. le baron de Dalberg, rassembla chez lui ceux d'entre nous qu'il désirait consulter. Là, se trouvaient aussi M. le baron Othon de Gemmingen, M. le conseiller des finances Schwan, qui avait, dans le Palatinat, rendu de très grands services à la littérature allemande, et le directeur du théâtre, M. Seyler. Chacun, dans cette assemblée, dut faire connaître ses souhaits, qui furent non seulement exaucés, mais même prévenus.

On désira faire paraître d'abord ceux dont le talent, encore imparfait, avait besoin d'être encouragé par les premières démonstrations de bienveillance.

On résolut donc que le théâtre national de l'électeur à Manheim serait ouvert par la comédie *Geschwind eh' es jemand erfäh.rt*, par Bock, d'après Goldoni. Nous visitâmes, avant cette représentation, tous les établissemens magnifiques que la main libérale de l'électeur Charles-Théodore a consacrés aux sciences et aux beaux-arts.

Quoiqu'à son avénement au trône il eût trouvé beaucoup d'établissemens en ruines, et qu'après la longue durée de son règne, beaucoup d'entre eux aient été renversés de nouveau, il reste cependant encore un grand nombre d'institutions de ce prince, auquel je ne puis songer sans une vive émotion. L'ami des arts retrouve partout ses traces, et peut

juger de ses intentions par ce qu'il a fait. La
postérité n'oubliera jamais son nom : elle ne
s'assujettit pas aux impressions du moment ;
et si elle discerne ce qui appartient à son
règne, et ce qui n'y appartient pas, ce qu'il
voulut, en quoi et comment sa volonté fut
quelquefois entravée, dénaturée, elle pourra
assigner à Charles-Théodore la place qui lui
est due.

Parmi tous les princes allemands de quelque importance, cet électeur est le premier
qui, bien long-temps avant cette époque, se
soit prononcé pour la littérature allemande,
qui l'ait soutenue et honorée. Il se mit, de
son propre mouvement, en relation avec des
poètes allemands. Quelques uns ont accueilli
ses avances avec tant de froideur, que la persévérance de ce prince fait autant d'honneur
à son cœur qu'à son esprit.

Il fut le premier prince allemand qui re-
nonça au théâtre français, et érigea un théâtre national. Il a, pour la première fois, fait
jouer un grand opéra allemand en 1775, et
successivement pendant les solennités de 1776
et de 1777. Son but, en instituant la société

allemande à Manheim, ne saurait être méconnu.

Pour faciliter le commerce, il fit creuser
le canal du Rhin à Frankenthal. Cet ouvrage
est digne des Romains.

Mais j'oublie que je ne me suis pas proposé
d'écrire l'histoire de cet excellent prince, mais
seulement quelques mots sur ma carrière dramatique. Protecteur bienveillant de tous les
artistes, il n'a rencontré que froideur et in-
gratitude chez plusieurs d'entre eux; mais il
s'en est rencontré un bien plus grand nombre
qui ont senti, avec une vive reconnaissance,
combien ils lui étaient redevables. Loin de
son trône, que l'on me permette un vœu dicté
par la gratitude.

Si la multiplicité de ses affaires l'a, pendant
les dernières années, écarté de son premier
point de vue; si l'avidité a dénaturé ses dispositions généreuses; si une main plus dure
s'est emparée du gouvernail dirigé d'abord avec
tant de douceur; si des trames étrangères ont
entravé ses projets; si, de part et d'autre,
le fanatisme s'est efforcé d'obscurcir ses traits,
ne serait-il pas juste aussi de se rappeler que

ce prince, qui a si bien appris à connaître le cœur humain, fut souvent aigri par les hommes, par ses chagrins et par l'histoire de son temps? Ceux qui le connaissent, et qui ont pu entrer dans les détails, savent combien cela est vrai.

Je serais bien heureux si, en effleurant son histoire, je pouvais engager quelqu'un à l'écrire un jour, ou même maintenant, avec la vigueur convenable. La vie d'un homme aussi bienveillant ne demande pas l'encens de la flatterie, et ne peut être défigurée par la vérité.

Si un portrait aussi fidèle répandait quelque teinte un peu sombre sur d'autres personnages, ce serait pour Charles-Théodore la seule justification qui puisse convenir à un homme tel que lui pendant le cours de sa vie.

L'électeur érigea et entretint à grands frais le théâtre allemand à Manheim, parce qu'il ne voulait pas priver cette ville d'un plaisir dont elle ne pouvait se passer sans mécontentement, depuis qu'il s'était vu dans l'obligation d'emmener avec lui à Munich le théâtre de la cour et la chapelle. Il le maintint aussi en faveur des étrangers ; voulant, avec raison, conserver par-là une ressource à la ville..

La première représentation fut annoncée. Nous ne nous y préparâmes presque point ; car nous regardions comme à peu près certain que nous ne plairions que très peu. Nous nous présentâmes devant le public sans crainte, et même avec gaîté, et peut-être, pour ce motif, avec une certaine originalité.

La vérité sans fard de notre jeu plut à l'électeur et au public. Ils nous le prouvèrent avec une vivacité et une chaleur toujours croissante. Cet accueil releva notre courage. Sa durée développa en peu de temps et presque sur-le-champ des moyens dont nous ne nous étions point doutés jusqu'alors. Notre ferveur pour notre art, notre amour pour notre position présente prirent de jour en jour de nouvelles forces. Jusqu'alors des appointemens considérables avaient été attachés à la place d'intendant des théâtres de l'électeur. M. le baron de Dalberg les refusa, paya même sa loge au spectacle, et entreprit avec le zèle le plus pur pour les arts ses fatigantes fonctions. Il s'intéressait à tout ce qui concerne l'art

dramatique et les artistes, avec une ardeur,
avec un soin qui s'étendaient jusqu'aux plus
petits détails, et qui devaient immédiatement
conduire à une amélioration générale.

M. Seyler avait été nommé directeur. Son
expérience, ses connaissances, à l'aide desquelles il a corrigé les défauts, développé les
talens de tant d'artistes remarquables, son
amour ardent pour son art, auquel il a fait
tant d'importans sacrifices, rendaient ce choix
un véritable présent pour le théâtre. Bientôt
nous eûmes les plus grandes obligations à ses
conseils, à sa critique, aussi délicate que profonde, aussi infatigable que bienveillante.

Sa place était constamment entre l'avant-
scène et la première coulisse; c'était pour
nous un éloge, un encouragement, une récompense que de le voir rester dans cet endroit. Remettait-il sa lorgnette dans sa poche,
c'était un signe de blâme; quittait-il sa place,
c'était une véritable punition.

Nous passions dans sa société les heures les
plus agréables, et il y montrait toute la gaîté
de la jeunesse.

Le talent dramatique de M^{me} Seyler était

alors au plus haut degré, et faisait sur les esprits la plus profonde impression. M^me Brandes,
de son côté, était en possession d'entraîner les
spectateurs. Le rôle d'Ariadne était son triomphe, de même que le rôle de Médée était celui
de M^me Seyler. La mésintelligence qui régnait
entre ces deux artistes, dont chacune cependant
dant rendait justice au talent de l'autre, divi-
sait le public en deux partis. Mais il n'en
résulta jamais aucune scène désagréable dans
la salle. Le public se montrait juste et reconnaissant envers les deux rivales; mais c'était
un motif de plus pour que les plaisirs domestiques des deux familles fussent troublés.

Comme M^me Seyler était obligée de jouer
quelquefois des rôles qui ne lui étaient pas
avantageux, obligation dans laquelle ne se
trouvait pas M^me Brandes, parce qu'elle
était en possession de l'emploi des premières
amoureuses; comme aussi quelques spectateurs croyaient pouvoir témoigner leur admiration à sa fille, la charmante Minna, en
se déclarant contre une rivale distinguée, le
parti de M^me Brandes, sans que son mari eût
rien à se reprocher, prenait chaque jour de nou-

velles forces au grand préjudice de M^me Seyler.

Ces dissensions causèrent de grands désagrémens à l'intendance, et eurent pour résultat que la famille Brandes obtint et accepta
un engagement avantageux, et quitta le théâtre
de Manheim. Cependant une grande partie du
public, qui n'était pas bien instruite, attribua
ce départ à l'insociabilité de Seyler. Les dispositions défavorables à son égard s'accrurent
d'autant plus, qu'il avait avec le public moins
de ces relations et de ces rapports, qui auraient
pu faire connaître la vérité, comme cela arrive ordinairement dans de pareilles occasions.

Bientôt l'intérêt du public se reporta entièrement sur une certaine Toscani.

Quoique élève de M^me Seyler, elle oublia si
promptement et à un tel point tout ce qu'elle
devait à cette maison, que dans une répétition,
enfreignant de sang-froid et avec préméditation toutes les lois du théâtre, elle répondit
à une observation très calme du directeur
Seyler, avec une impolitesse si révoltante,
une froideur si ironique, un dédain si marqué,
que celui-ci, mortifié, outré d'un tel excès d'in-
gratitude et emporté par sa vivacité, s'oublia

au point de répondre à ses impertinences par
un soufflet. Cet événement affligea vivement
le baron de Dalberg, qui avait beaucoup de
considération et d'attachement pour Seyler.

D'après des ordres supérieurs, on assembla
un comité composé de conseillers électoraux.
On entendit des témoins, on dressa un procès-
verbal et l'on prononça le jugement : la famille Seyler fut congédiée, en vertu des lois
théâtrales, pour cause de mauvaise conduite.
La Toscani, comme coupable d'insubordination, fut condamnée à une amende égale à
ses appointemens d'une semaine. Cette sen-
tence fut confirmée par le ministre d'état,
M. d'Oberndorf; la lettre de la loi avait décidé la question.

Quatre ans auparavant, Seyler avait été appelé de Dresde à Manheim avec son théâtre;
il avait pour ce motif rompu tous ses engagemens dans la première de ces villes; mais
au moment où il voulait se mettre en route
pour Manheim avec toute sa troupe, il reçut
une lettre où on lui annonçait « que son contrat
avec Manheim ne pouvait plus subsister, parce
que son personnel n'était plus le même qu'au

moment de la transaction ; ( or cette condition n'était pas prévue dans le contrat ); que
l'on avait en conséquence substitué à sa troupe
celle de M. Marchand. » Cette résolution inattendue le mit dans l'obligation d'aller tenter
la fortune à Francfort et de sacrifier ses intérêts. Toutes ces circonstances ne le ren-
daient-elles pas digne d'autant d'indulgence
que son adversaire , surtout lorsque cette
dernière, dont les provocations injurieuses et
l'insubordination étaient prouvées, évidentes,
attestées par des témoins, n'avait été punie
que d'une modique amende ? J'abandonne
cette question à la conscience du comité qui ,
en punissant la faute de Seyler, a suivi avec
tant de rigueur la lettre de la loi.

Le public, quoique peu favorablement disposé à l'égard de Seyler, jugea cependant
d'une manière différente. Il traita la Toscani
avec l'indifférence qu'elle méritait. Méprisée
de tout le monde, elle fut congédiée au bout
d'un an , et délivra les spectateurs de sa désagréable présence.

Quand nous arrivâmes à Manheim , déjà
plusieurs familles étaient parties pour Munich,

où l'électeur avait fixé son séjour, et cependant ce n'était pas encore la moitié de celles qui avaient reçu l'ordre de suivre le souverain. Manheim était donc encore très vivant; et comme depuis un grand nombre d'années les étrangers étaient dans l'usage de visiter cette magnifique résidence; que la plupart des princes voisins y avaient encore des habitations, ou du moins y venaient souvent, il y avait des jours, surtout lorsque l'électeur s'y trouvait, où la ville offrait un aspect très gai et même très brillant.

Mais comme peu à peu plusieurs familles se rendirent à Munich, tout cet éclat disparut sensiblement. Au commencement de l'année 1781, la ville était entièrement déserte; on porte à quatre mille le nombre des personnes qui partirent pour Munich. L'espoir du retour continuel de la cour, dont les habitans du Palatinat qui ne pouvaient oublier l'électeur, s'étaient flattés jusqu'à ce jour, fut entièrement anéanti.

Une sombre tristesse se répandit sur toute la ville, plusieurs métiers qu'entretenait le luxe, cessèrent tout à coup, ou furent trans-

portés ailleurs. Les fabriques de Frankenthal
s'éteignirent toutes successivement. Plusieurs
employés de la cour mis à la retraite, parce
qu'ils ne pouvaient ou ne voulaient pas suivre
le prince à Munich, diminuèrent considérablement leurs dépenses; chacun se vit forcé
de s'imposer des privations.

La chambre électorale des finances ayant
ordonné plusieurs économies, et les membres
de cette chambre en faisant pressentir de plus
considérables dans leurs entretiens particuliers, le mot économie fut bientôt dans toutes
les bouches; les uns le prononçaient parce
qu'ils étaient vraiment dans le besoin; les autres par politique; tous parce qu'il était devenu à la mode. Bientôt le découragement
et la petitesse s'emparèrent de tous les esprits
et s'opposèrent à tous les plaisirs de la vie.

La disposition générale n'était nulle part
plus sensible qu'au théâtre, et dans ce lieu
elle était vraiment désolante. Cette époque,
si opposée à celle de nos débuts, nous mit
dans un grand embarras et dans une grande
inquiétude. Nous n'en continuâmes cependant pas moins nos représentations, mais sans

encouragement, sans force, sans gaîté, ne
faisant d'autres efforts que ceux qu'exige un
travail journalier et sans intérêt.

Avant cette époque, en 1780, une apparition brillante produisit une vive sensation;
c'était celle de Schröder! Il passa à Manheim
à son retour de Vienne et de Munich. Toute
la ville l'attendait avec une joyeuse impatience, que surpassait encore la nôtre; mais
rien n'égalait le désir ardent que j'avais de le
voir.

J'étais alors malade, et l'on m'avait défendu
de quitter la chambre. J'enviais le bonheur
de celui qui pourrait le voir le premier : il
eut la bonté de venir chez moi. Je tremblais
de joie : à peine pouvais-je parler. Jamais la
consécration du pape n'a élevé un fidèle à un
aussi haut degré d'enthousiasme que celui
qu'excita en moi son serrement de main.
C'était lui, lui-même; celui que j'avais si souvent admiré; qui avait excité en moi de si
vifs transports, dans le temple duquel mon
amour pour l'art dramatique avait pris naissance et s'était développé! celui que j'avais
suivi, au devant duquel j'avais été comme un

7

amant au devant de celle qu'il aime! Je pouvais me dire : Schröder me connaît, il vient
me voir, il me tend la main! J'étais hors de
moi; il m'était impossible de dormir. Je ne
fis plus attention ni à ma santé, ni à mon
médecin; j'allai le trouver, je ne le quittai
plus, je ne perdais pas un seul de ses regards.

Il se montra dans toute la force, toute l'o-
riginalité, toute la perfection de son talent.
Jamais personne n'avait assisté à un pareil
spectacle, éprouvé de semblables sensations;
jamais moi-même je ne l'avais vu aussi beau,
jamais il n'avait produit autant d'effet sur moi.
Je ne sais si c'était une suite de l'admiration
dont il me pénétrait, mais lorsque je jouais
auprès de lui, je ne pouvais que réciter mon
rôle, remuer les bras, entrer en scène et en
sortir; aussi fit-il plus de cas du talent de Beil,
qui, n'étant ni retenu ni troublé par aucun
motif, put développer ses moyens avec plus
de chaleur, plus de naturel que je ne pouvais
le faire.

La préférence marquée de Schröder pour
cet acteur obtint l'assentiment général; cela
m'affligea, mais ne diminua en rien mes sen-

timens pour ce grand artiste. Indépendamment du chagrin que je ressentis de paraître sans mérite aux yeux d'un homme dont l'approbation était du plus grand prix pour moi, cet événement, en me causant un mécontentement intérieur, diminua pour quelque temps en moi ce sentiment de soi-même, sans lequel personne ne peut parvenir à rien.

Ce qui accrut encore mon découragement, c'est qu'après le départ de Schröder, le public, qui avait admiré la perfection de son talent et qui s'en voyait privé à regret, nous accueillit tous pendant plusieurs mois avec la plus grande froideur; mais ce qui y mit le comble fut l'indifférence que la ville nous témoigna par suite des circonstances politiques dont j'ai parlé plus haut, et l'aversion que la défunte électrice, dont la cour était restée à Manheim, montrait pour le théâtre allemand, aversion que bien des gens partagèrent, soit par déférence, soit par conviction. En vérité, je ne me souviens pas d'avoir, dans aucun temps de ma vie, éprouvé plus de relâchement et plus de tristesse que dans cet intervalle. Je résolus fermement de quitter

Manheim ; mais je voulus cependant m'y préparer. Je vivais donc dans un isolement complet ; je lisais beaucoup, j'observais les défauts
et les vertus de mes semblables, je me promenais seul et je jouissais des beautés qu'offre
la nature dans ce délicieux pays.

Vers ce temps-là parut, dans les *Baierische
Beyträge*, la *Vie d'Engelhof*, par Westen-
rieder ; j'en lus une partie. Ce langage, ces
sentimens, ces caractères me saisirent vivement. Je fus tout à coup arraché à ce lourd
engourdissement qui s'était si cruellement emparé de moi ; j'invitai Beil et Beck à venir
nous trouver : nous nous renfermâmes pour
lire la Vie d'Engelhof, nous confondîmes nos
larmes et notre joie. Cette lecture fit naître
en nous des sentimens nouveaux et plus purs ;
nous nous entretînmes du plaisir que nous
venions de goûter, jusque bien au-delà de
minuit. Nous prîmes la résolution d'étudier
de nouveau tous nos anciens rôles, et de les
jouer avec une nouvelle énergie. Nous nous
promîmes que les momens de froideur du
public ne ralentiraient pas notre zèle ; que nous
ne nous laisserions pas décourager par nos

fautes ; que sans nous soucier des critiques de
ceux qui exigent une perfection qu'ils n'ont
pu jamais voir, et qui, d'après nos idées,
n'était pas la véritable perfection, le public
serait toujours pour nous un juge respectable,
et que, pour lui plaire, nous nous croirions
toujours obligés de réunir tous nos efforts.

Nous tînmes notre parole, nous nous ob-
servions scrupuleusement, nous nous blâ-
mions, nous nous donnions réciproquement
des éloges, et nos efforts furent couronnés
du succès. Tous nos camarades suivirent notre
exemple, le théâtre fit de grands progrès ;
notre ardeur se communiqua au public, et le
plus beau temps du théâtre de Manheim commença. Je me sentais pour le travail un amour
qui me causait le plus grand plaisir, mais
que je ne pouvais satisfaire en apprenant et
en étudiant mes rôles. Je composai donc quelques aperçus sur l'art dramatique, qui furent
insérés dans *Reinische Beyträge ;* cette entreprise était au-dessus de mes forces, et laissa
un vide d'autant plus grand dans mon âme.
Je sentais beaucoup plus que je ne comprenais,
je ne pouvais mettre aucun ordre dans mes

idées, il m'en coûtait beaucoup d'être hors
d'état de les exprimer aux autres, et cependant je ne pouvais me rendre compte de cette
sensation.

En 1781, on représenta l'opéra d'*Alceste*,
par Wieland et Schweizer. L'ouverture de
cet opéra réveilla avec force tous mes sentimens et tous mes souvenirs. Assis au milieu
des spectateurs, je ne pouvais me tenir tranquille à ma place. Je n'attendis pas la fin de
la représentation, et, d'un pas rapide, je me
rendis par une belle soirée d'hiver sur une
grande place, où je me promenai çà et là.
Mes impressions devenaient de plus en plus
vives. L'agréable inquiétude qui s'était emparée de moi, oppressait ma poitrine; et cependant, pour tout au monde je n'aurais pas
souhaité qu'il en fût autrement. J'écrivis à
ceux qui m'étaient chers des lettres remplies
des sentimens qui m'animaient en ce moment.
Cela ne me suffit pas. Je ne pouvais par ce
moyen apaiser le transport qui s'était si singulièrement emparé de moi. Je jetai sur le papier
le plan d'un drame ; je composai mon *Albert
de Thurneisen*. La première représentation de

cette pièce fut accueillie avec indulgence, bienveillance et intérêt. L'aspect enchanteur d'une multitude nombreuse exprimant à haute voix et avec attendrissement l'émotion que lui causaient les souffrances et les malheurs de l'humanité, me ravit et me fit éprouver une jouissance inexprimable. C'est dans cette circonstance que je formai le projet d'offrir peu à peu sur la scène plusieurs situations de la vie bourgeoise.

C'est à cette époque que Schröder remédia au défaut de pièces de théâtre, en en composant lui-même, et en retouchant quelques ouvrages marquans.

L'*Assaut de Boxberg*, par le conseiller du tribunal de la cour, Meyer, excita un intérêt national, parce qu'il y retraçait les hauts faits de l'électeur Frédéric-le-Victorieux.

*Faust de Stromberg*, par le même auteur, était une création tout-à-fait originale, dans laquelle il offrait le tableau de la justice, des mœurs et des usages de l'ancien temps. Cette pièce fut représentée, autant que possible, avec la couleur locale qu'on remarque dans son style.

C'est après ces ouvrages que parurent les productions du génie de Schiller. *Les Brigands* furent représentés, pour la première fois, en 1782.

Le baron de Dalberg fit tout ce qu'il était possible de faire pour honorer le talent de ce grand poète : les décorations et les costumes étaient de la plus grande richesse ; et les acteurs déployèrent tout leur zèle et tous leurs moyens. Quoique Beck n'eût pas entièrement atteint le sublime du rôle de Charles More, cependant plusieurs scènes, particulièrement celle du quatrième acte avec Amélie et surtout celle près de la tour, étaient son triomphe. Le public, les acteurs, les figurans furent comme lui embrasés d'un feu dévorant. Le poète lui-même ne pouvait avoir senti plus vivement que l'acteur ne reproduisait son ouvrage.

Le rôle de François More fut pour moi l'objet d'une étude particulière, et je crois être parvenu à y produire des effets nouveaux et énergiques.

L'intendance savait encourager tous les talens naissans. M. de Dalberg se prononçait sévèrement contre toute espèce de monopole des arts. La carrière d'une noble émulation ne fut jamais fermée au mérite et au zèle; cependant on ne se passionnait pas follement pour la nouveauté, et l'on rendait hommage à ceux dont le talent s'était développé par de longs efforts.

Après le départ de M. le directeur Seyler, on forma un premier comité, composé de comédiens, et présidé par l'intendant; on lui en adjoignit un second, qui était renouvelé tous les trois mois.

L'acteur nommé Meyer faisait partie du premier comité, et conserva ces fonctions jusqu'à sa mort, qui eut lieu en 1783. C'était un comédien zélé, assez distingué dans sa profession, et qui avait surtout une grande habitude des affaires et des règlemens du théâtre; mais il s'en occupait trop, et rendait sans nécessité sa place beaucoup plus pénible qu'elle n'aurait dû l'être.

Le comité, qui se rassemblait tous les quinze jours auprès de l'intendant, avait plus d'importance que les détails du théâtre. On discutait dans cette assemblée les amélio-

rations dont le théâtre était susceptible ; on
proposait de nouvelles pièces ; on lisait l'ana-
lyse de celles qui étaient nouvellement arrivées ; on recevait les éloges et les reproches
de l'intendant au sujet des représentations
importantes ; on s'entendait pour la rédaction
des remontrances, des plaintes et des projets ;
et il était permis à tout le monde, même à
ceux qui n'étaient pas membres du comité,
d'y venir défendre ses intérêts ; on lisait ensuite les réponses aux questions qui avaient
été proposées sur l'art dramatique. Puis on
distribuait de nouvelles questions. Enfin l'assemblée se séparait après la lecture du procès-
verbal de la séance précédente.

L'intendant expédiait à chacun des acteurs
les analyses revêtues de son sceau. Une réfu-
tation franche fut toujours bien accueillie.

Cette institution était l'ouvrage de M. le
baron de Dalberg. Il faut avouer, avec reconnaissance, qu'elle a produit beaucoup de bien,
en donnant au théâtre, tant dans son ensemble que dans ses détails, une solidité
réelle et une direction sûre. Sa critique était
toujours appuyée sur des raisonnemens ; ja-

mais elle ne fut ni partiale ni fondée sur des préventions. Elle nous empêchait de croire que les applaudissemens étaient la preuve infaillible du mérite.

Comme il assistait ordinairement en personne aux répétitions des nouvelles pièces, le respect qu'on avait pour lui y faisait régner une certaine décence qui bannit des représentations la rudesse et les formes communes, introduisit parmi nous le ton de la bonne compagnie, et donna même bientôt de l'élégance à nos manières.

Les réunions du comité durèrent, sans interruption, depuis Pâques 1782 jusqu'au mois de septembre 1785. Quatre volumes in-folio manuscrits, qui se trouvent dans les archives du théâtre de Manheim, et dont le contenu est fort intéressant, sont une preuve des efforts constans de ce comité en général, comme en particulier de l'activité infatigable que le baron de Dalberg a toujours montrée pour les progrès de l'art dramatique. Ses affaires, devenues plus nombreuses, ne lui permirent pas de présider plus long-temps cette réunion, qui, privée de ce chef éclairé, perdit bientôt son importance et son utilité, et fut entièrement dissoute.

C'est vers ce temps que le public laissa passer, avec indulgence, deux malheureux essais de ma muse dramatique. Je me plus à les anéantir.

Le 9 mars 1784, on représenta, pour la première fois, à Manheim, la pièce intitulée : *Le Crime par ambition.* Elle fut accueillie avec beaucoup d'intérêt. J'appris qu'elle avait eu le même succès dans plusieurs autres endroits, et j'en fus témoin moi-même à Francfort-sur-le-Mein.

Comme elle élève notre âme cette émotion que fait éprouver l'aspect de plus de mille spectateurs réunis tous pour un même but, répandant de vertueuses larmes, s'attendrissant sur tout ce qui est bien, et annonçant, par l'explosion involontaire de leurs cris, que les plus nobles sentimens ont été réveillés dans leurs cœurs ! La plupart quittent le spectacle, animés d'une disposition bienveillante qu'ils rapportent dans l'intérieur de leurs familles, et qu'ils font ressentir à ceux qui les entourent. La voix de la vertu qui s'est fait enten-

dre à la multitude assemblée, retentit long-
temps encore; et lorsque, dans la suite, de
semblables sentimens viennent toucher cette
corde, devenue plus docile, elle rend des
sons plus sonores. Dans cette persuasion, le
9 mars 1784, témoin de l'attendrissement et
de l'enthousiasme du public de Manheim, je
fis le vœu de ne jamais user de la puissance
qu'on peut exercer sur le peuple assemblé,
qu'avec l'intention de le rendre meilleur. Je
ne crois pas avoir jamais trahi ce serment.

Parmi les actrices, M^{me} Bitter, née Bau-
man, se distingua fort avantageusement.
Marianne, Amélie, dans *les Brigands ;* Julie
de Lindorack, Charlotte, dans *le Père de
famille ;* Imoïnde, dans *Oronoko,* sont des
rôles qu'elle remplit avec le sentiment, la
dignité et l'expression délicate de son sexe.
Le respect qu'inspire son caractère rend plus
intéressante encore chacune de ses paroles,
que semble dicter son cœur.

Caroline Beck, née Ziegler, mourut en
1784, au moment où tout le monde avait la
conviction intime qu'avec elle s'étaient montrés sur la scène le génie le plus rare, la sen-

sibilité la plus profonde, l'énergie la plus entraînante, ennoblis encore par une beauté
presque idéale. Jamais je n'ai vu reproduire
avec autant de vérité le moment de l'inspi-
ration poétique; jamais je n'ai entendu, que
dans sa bouche, ces accens, cette mélodie
qu'elle prêtait à l'amour lorsqu'elle jouait le
rôle de l'épouse de Fiesque. Une chute très
grave qu'elle fit pendant la représentation
d'*Emilia Galotti*, en tombant des bras d'O-
doardo, la tête contre terre ; et, à la suite
de cet événement, un rôle qu'elle apprit en
trois jours pour plaire à un de ses amis qui
passait à Manheim, furent probablement la
cause de sa mort. Ce qu'il y a de certain, c'est
que, dix jours après, elle fut emportée par
une attaque d'apoplexie foudroyante.

M^lle Boudet, de Manheim, depuis M^me Müller, joint à un extérieur avantageux une voix
très agréable, dont elle fait un excellent emploi dans tous les opéra, et surtout dans les
opera français ; elle se distingue aussi par des
manières gracieuses dans les rôles naïfs de la
comédie.

M^lle Schäfer, également native de Manheim,

et aujourd'hui M^me Beck, était élève de la célèbre Dorothée Wendling. Elle débuta, en 1782, dans le rôle de Zémire; son chant expressif et touchant n'était pas défiguré par des agrémens de mauvais goût, ni surchargé par les insignifiantes broderies du charlatanisme; aussi a-t-elle toujours entraîné l'auditoire et ravi les connaisseurs. Elle aime son art, s'en occupe beaucoup et s'y applique avec zèle. Ce n'est pas qu'elle n'ait en son pouvoir tous ces vains ornemens, dont on cherche à embellir le chant; mais elle en fait rarement usage, parce qu'il est contraire à ses principes (je ne sais si cette comparaison me sera permise) de mettre du sucre sur du sucre. A cette époque, M. Gern l'aîné parut pour la première fois sur la scène. L'expression, j'ai presque dit l'éloquence de son chant, l'étendue surprenante de sa voix, sont aussi entraînantes que son jeu plein de verve et de vérité, son humeur comique et enjouée sont amusans. C'est aussi vers ce temps-là que M. Epps commença sa carrière dramatique; il est également natif de Manheim. Le jugement que Reichard porte sur cette excellente haute-contre, en disant qu'une voix comme la sienne ne se trouve que très rarement, prouve beaucoup en sa faveur; ses efforts, pour cultiver son talent, sont dignes des plus grands éloges.

Après la mort de Meyer, l'acteur Renschub fut nommé régisseur, et ce choix fut confirmé. Je dois ajouter que les momens malheureux de notre théâtre furent la suite des maladies contagieuses qui exercèrent leurs ravages en Europe, surtout en l'an 1782, et dont beaucoup d'acteurs furent atteints; il est vrai que tous les malades continuèrent à jouer, quelquefois même dans les accès de la fièvre la plus violente; mais il y eut des temps où l'on se vit dans l'obligation de fermer entièrement le théâtre.

Après la mort de Caroline Beck, notre scène fit l'acquisition inappréciable de M\ :superscript:`lle` Witthöft, de Berlin. L'usage le plus parfait du monde, les manières les plus gracieuses, le caractère le plus aimable, rendu plus agréable encore par une certaine vivacité qui n'excluait ni la modestie ni la décence; telles sont les qualités qu'on admire dans cette charmante actrice. Je n'oublierai jamais le talent qu'elle a déployé dans *Hedwing de la prairie*, dans *Routland*, dans *Gourli*, et dans son triomphe, la Susanne du *Mariage de Figaro*.

En 1784 et 1785, on rèprésenta *la Pupille* et *les Chasseurs*. Cette dernière pièce avait d'abord été jouée sur le théâtre de société du prince de Leiningen, à Durkheim. Déjà, depuis quelques années, on donnait, pendant l'hiver, des représentations sur ce théâtre; c'est alors que je fis la connaissance de cette aimable famille.

Hélas! en écrivant ceci, le passé se présente vivement à mon imagination. Une mélancolie inexprimable m'accable, et je ne sais comment rappeler ici tant de souvenirs touchans, ni même comment rapporter ce qui est relatif à cette époque. La franchise, la loyauté, l'hospitalité, sont un dépôt sacré que l'on conserve fidèlement dans cette famille. Que j'y ai passé d'heureux jours! Les manières agréables du grand monde, réunies à la simplicité affectueuse des particuliers, embellissaient ces vallons fertiles où je désirais terminer un jour ma vie. Ces délicieux momens sont passés ! le souvenir en est resté profondément gravé dans mon cœur, et ma reconnaissance ne finira qu'avec mon dernier soupir. C'est là que je reçus d'utiles leçons, que je jouis si souvent des conseils de l'expérience et des consolations de l'amitié ; mais je dois me taire , car dans l'effusion de ma gratitude je pourrais blesser la modestie de mes nobles amis.

Si jamais cet ouvrage pénètre jusque dans cette contrée , qu'il porte à tous les hommes de bien qu'elle renferme ( et ils sont en grand nombre ) la tendre expression de mon amitié sincère ; mais qu'il s'adresse surtout à mon cher Greuhm ! Son expérience , son amour fraternel m'ont souvent soutenu et m'ont élevé plus souvent encore.

Les représentations données à Durkheim étaient bonnes, quelquefois même très bonnes. Celle *des Chasseurs* fut excellente. L'année 1785 fut encore remarquable par des représentations importantes. *Jules-César*, tragédie, que M. le baron de Dalberg composa d'après Shakespeare, fut donné dans le mois d'avril de cette année, avec des dépenses considérables. Le Capitole était représenté d'après un plan très exact, au moment où César est assassiné au milieu du sénat assemblé; le théâtre était garni de deux rangs de siéges placés les uns derrière les autres, et qui, formant un grand demi-cercle, occupaient les trois quarts de la scène. Le second rang était élevé au-dessus du premier, et chacun de ces siéges était la fidèle copie de la chaise curule de la Rome antique. En arrière de ce double rang, on avait placé entre les colonnades des coulisses, quelques galeries derrière lesquelles se tenaient un grand nombre de figurans qui offraient l'image du peuple dans les tribunes. La scène où César tombe mourant aux pieds de la statue de Pompée, où les sénateurs, qui ne sont point dans le complot, se lèvent brusquement de leurs siéges, où les conspirateurs veulent engager la foule rebelle à s'arrêter et à les écouter, où le peuple descend précipitamment des tribunes en jetant des cris, et brise les siéges; où les uns regardent, glacés d'effroi, le corps de César assassiné; où les autres, transportés de fureur, s'enfuient en poussant des cris lamentables,

fut représentée avec autant d'énergie que de
précision. La scène où le corps de César est
porté en bas du Capitole, où Brutus et ensuite Antoine parlent au peuple du haut de
la tribune aux harangues, eut également le
plus grand succès. L'impression progressive
de ce discours entraînant, sur le peuple, son
intérêt, son émotion, la rage avec laquelle
il saisit ce corps chéri, l'emporte avec impé-
tuosité, jurant la guerre et la mort au trium-
virat, fut rendue avec encore plus d'exactitude et peut-être avec plus de perfection. La
scène entre Brutus et Cassius, au quatrième
acte, était aussi d'une grande beauté; mais
celle où, pendant la nuit, l'ombre de César
apparaît à Brutus dans sa tente, était la plus
admirable de toutes. A peine les dernières
vibrations du luth de l'esclave s'étaient-elles
éteintes, à peine Brutus, n'ayant plus auprès
de lui d'autre lumière que la flamme bleuâtre
et vacillante de sa lampe, s'était-il étendu sur
son lit, que d'un coin de la tente on voyait
s'élever un nuage de fumée, au milieu duquel l'ombre de César s'avançait en chancelant. Un silence funèbre et solennel attesta

toujours, dans ce terrible moment, l'intérêt
et l'attention du public. La décoration du
cinquième acte représentait le champ de ba-
taille ; c'était une vallée couverte de masses
de rochers éparses çà et là, et dont l'aspect
sauvage inspirait la terreur. La scène, éclairée
par des flambeaux de résine, se perdait dans
un vaste lointain. L'on avait même, pour
reculer la perspective, employé le magasin
qui se trouvait derrière le théâtre ; on voyait
arriver les cohortes dispersées, Cassius mourant, Brutus prenant la fuite, et enfin l'armée romaine poussant des cris de victoire.
*Jules-César* était la représentation favorite de
l'électeur, qui se trouvait alors à Manheim ;
il assista trois fois à ce spectacle.

On donna ensuite *Figaro*, avec autant de
précision et d'élégance que la pièce précédente.
M. Gervais, ci-devant danseur à la cour électorale, qui arrivait en ce moment de Paris,
s'était chargé de monter cette pièce. Beck remplit le rôle de Figaro avec autant de légèreté
que d'aplomb. M^lle Witthöft déploya dans celui de Susanne toutes les ressources de l'ama-
bilité et de la finesse.

A Munich, l'électeur cédant à l'empire des circonstances, n'avait pas permis la représentation de cette comédie. On assure que le révérend père Franck le lui rappela à Manheim; mais le prince lui répondit en riant : « Cela importe peu à Manheim. » Il vit la représentation avec plaisir; et, comme à l'ordinaire, il applaudit le premier, à haute voix, à tous les passages remarquables de la pièce. On donna encore, pendant son séjour, *L'Homme colère,* comédie imitée de l'anglais, par M. le baron de Dalberg, et qui fit beaucoup de plaisir. La même année, plusieurs pièces furent représentées sur le théâtre de la cour, à Schwetzingen. Le jardin charmant, rempli d'une foule de curieux accourus de Manheim, de Spire et de Heidelberg, présentait un aspect enchanteur. Les personnes qui ne pouvaient trouver de place dans les auberges de Schwetzingen, se promenaient dans les allées, portant avec elles leur dîner; et des masses entières se groupaient dans les temples, les bosquets, les mosquées et les berceaux du jardin. Le soir, après la représentation, la multitude, en sortant du théâtre qui est dans le jardin même, se répandait comme un fleuve débordé, dans les vastes parterres, et se perdait peu à peu dans les endroits plus reculés. Alors les lumières commençaient à briller çà et là, à travers les massifs de verdure. Les sociétés se cherchaient, s'appelaient ou se donnaient des signaux. Bientôt la joie et le bruit augmentaient de plus en plus. On entendait le tintement des verres qui s'entre-choquaient; les chœurs et les chansons se succédaient sans interruption, pendant toute la durée de ces nuits, d'une chaleur étouffante, tandis qu'à Schwetzingen le bruit joyeux de la musique et des danseurs retentissait dans chaque auberge, et que les habitans et leurs convives, assis en cercle devant toutes les maisons, s'abandonnaient à la gaîté la plus vive.

On s'en retournait à minuit. Le chemin, qui avait trois lieues d'étendue, ressemblait à une immense salle d'assemblée. Les carrosses, en roulant, se pressaient les uns contre les autres, et cherchaient à se dépasser. Les sociétés qui étaient dans les voitures de devant, appelaient celles qui restaient en arrière, et celles-ci leur répondaient. Les pié-

tons abrégeaient la route en chantant, tandis
que ceux qui étaient à cheval en doublaient
la longueur, en allant et revenant sans cesse
sur leurs pas. Toute la nuit l'effusion de la
joie, les vapeurs du vin et les éclats bruyans
de la gaîté répandaient dans tous les esprits
une sorte d'ivresse qui devait nécessairement
entraîner l'homme le plus indifférent.

L'électeur n'avait pas vu le théâtre de Manheim depuis trois ans. Il fut si content de ses
progrès, que, désirant assurer sa conservation, il augmenta de quelques milliers de florins ses revenus annuels déjà assez considérables. Il désira voir représenter *le Roi Léar*,
et invita M. de Dalberg à ajouter au premier
acte la scène où Léar partage son empire entre
ses filles; convaincu que cette scène non seulement récitée, mais encore jouée avec chaleur, augmenterait bien plus encore l'intérêt
qu'inspire ce prince. « Toutes les fois que j'ai
assisté à la représentation de cette pièce, ajouta-t-il, j'ai vu avec regret que cette scène
manquât. » Il fit donc prendre, dans sa propre
bibliothèque, et envoyer à M. de Dalberg le
volume de l'édition anglaise de *Shakespeare*,

qui contient la tragédie de *Léar;* car l'électeur lit ce poète dans l'original.

Dans le cours de la même année, je fis un voyage à Lubeck et à Hambourg sur l'invitation de M. Schröder; je jouai devant lui à Lubeck, mais avec peu de succès; car les mêmes motifs qui m'avaient paralysé, lorsqu'il vint à Manheim, s'opposèrent encore dans cette occasion au développement de mes moyens.

L'essentiel dans la pratique de notre art, c'est la persuasion de bien faire ce qu'on se propose de faire. A défaut de cette persuasion, une froide exactitude peut encore réussir; mais le jeu manquera toujours de ce je ne sais quoi qui amène les plus minutieux détails. Il ne recevra pas cette dernière main, ce lustre sans lequel on ne peut réellement intéresser. Je ne pus jamais parvenir, ni alors, ni dans la suite, peut-être même ne parviendrai-je jamais à avoir en présence d'un artiste si célèbre cette espèce de prétention si nécessaire. D'après ce que j'en ai dit plus haut, cet état n'est produit ni par l'absence du sentiment de soi-même, ni moins encore par une fausse modestie.

M. Schröder m'engagea à continuer d'écrire de nouvelles pièces de théâtre, et m'offrit pour mes manuscrits une somme fort honorable, que je pourrais avec plus de raison nommer une récompense. Je fus reçu très favorablement à Hambourg; mais, quelque reconnaissance que m'inspirât cet accueil, j'avais un penchant si prononcé pour le repos et pour une position modeste, qui me permît de me livrer à mon art, en jouissant de quelque loisir, sans cependant m'abandonner à la paresse, que je retournai à Manheim avec un certain empressement. J'appris à Hambourg le mariage subit du comte palatin Maximilien (1) avec la princesse Auguste de Darmstadt; j'en fus agréablement surpris, d'autant plus que depuis la mort du prince héréditaire de Deux-Ponts, tous ceux qui aimaient le pays et la maison palatine, avaient de vives inquiétudes sur l'avenir de cette famille qui se trouvait sans héritiers directs; car alors,

(1) Aujourd'hui roi de Bavière.

toute la maison ne comptait que cinq princes, y compris l'électeur, et l'on croyait ne pouvoir espérer d'autres successeurs que les enfans qui naîtraient du prince Maximilien. Je reçus de Manheim des lettres où l'on m'annonçait l'arrivée prochaine du nouveau couple, et la joie que tous les habitans éprouvaient de voir ce prince chéri rentrer comme époux dans cette ville.

Les Palatins furent toujours dévoués et sincèrement attachés à ce prince si bon, si brave et si aimable. Je me représentai vivement le joyeux enthousiasme du peuple et les scènes délicieuses qui devaient naturellement en résulter. Quoique je fusse tout-à-fait inutile dans cette circonstance, je hâtai cependant mon retour, comme s'il ne pouvait y avoir à Manheim un seul moment heureux sans moi.

Je saluai le Rhin avec plus de joie que de coutume; il me semblait qu'il roulait ses flots avec plus de rapidité; que les vignes couvertes de grappes s'inclinaient d'une manière plus agréable; que les habitans du pays s'entretenaient avec plus de gaîté; et, dans la douce agitation où je me trouvais, tous les hommes, tous les objets sur lesquels ma vue s'arrêtait, me paraissaient partager mon ivresse.

Ce n'était point une illusion ; tout le pays prenait un vif intérêt à ce mariage. Depuis 1782, et je crois depuis plus long-temps encore, aucun prince n'était né dans la maison palatine, si ce n'est ce prince héréditaire, mort en voyant le jour. Ce mariage était donc l'objet de toutes les espérances et de tous les désirs.

La belle comtesse palatine avait passé une journée à Manheim. Le bruit de sa beauté, de sa douceur, de sa modestie, de sa piété et de sa candeur l'avait précédée ; son regard, sa manière d'être, en confirmant ce bruit, lui avaient gagné tous les cœurs. Jeunes et vieux, tous parlaient d'elle et de son époux. Une certaine activité se faisait remarquer dans tout le pays ; partout on entendait une rumeur joyeuse, partout on voyait se former des attroupemens ; et ces preuves du bonheur général entraînaient jusqu'aux habitans des contrées voisines. Elles étaient aussi l'objet d'une conversation très animée entre mon compagnon de voyage et moi. En nous entretenant de la sorte, nous arrivâmes à Frankenthal. Un massif de jeunes arbres qui étaient plantés près de la porte attira spécialement mon attention. Si j'avais une propriété, disais-je, je planterais deux jeunes arbres dans un site romantique, en mémoire de cette union fortunée, et j'en augmenterais le nombre toutes les fois que les espérances du pays seraient réalisées.

A Manheim, je n'entendis parler que de cet événement. Tout le monde était transporté d'une allégresse inexprimable, tout le monde se préparait à célébrer cette fête avec tous les transports de la joie.

Comme le prince Maximilien, alors le second prince de la ligne de Deux-Ponts, et le duc régnant de cette principauté, n'étaient que des héritiers présomptifs de l'électeur, on craignait que cette fête publique ne blessât la délicatesse de la maison régnante. Cependant l'arrivée des nouveaux mariés et de leur suite était fixée au 20 novembre, époque de la fête de l'électrice.

Le théâtre national de l'électeur devait donner la première représentation du *Barbier de Séville*, avec la musique de Paësiello, le jour où la cour paraîtrait pour la première fois au spectacle.

Je connaissais la disposition favorable de l'esprit public, et je croyais que c'était trahir le sentiment général que de lui ravir une occasion de le manifester. Soudain je me rappelai le massif d'arbres planté à la porte 'de Frankenthal, en venant du côté de Worms. Je demandai au baron de Dalberg la permission de faire mention de ces jeunes arbres dans un prologue, dont l'action serait simple et adaptée à la circonstance. Plein lui-même des sentimens les plus affectueux, il ne vit à mon projet aucun obstacle politique, ou sacrifia facilement ceux qu'il pouvait entrevoir à son émotion patriotique. Il me tendit la main, me pria de me hâter; et, au bout de vingt-quatre heures, je lui récitai le prologue, *Amour pour amour*. Ses larmes furent ma récompense. Cinq jours après, on donna cette petite pièce. Si je m'étends sur cette représentation, si je rappelle ce souvenir délicieux et solennel, l'obligation de raconter l'effet important que produisit mon ouvrage n'est pas mon seul et principal motif. Ce jour a déterminé la direction d'une partie de ma vie ; il devait influer sur ma vie tout entière : il a du moins décidé de mon sort pour plusieurs années.

Je viens au fait. Le public, animé des sentimens les plus vifs, excité encore par tout ce qui frappait ses yeux, n'avait d'autre désir que de prouver par une explosion spontanée son amour et sa fidélité. Je remplis un devoir bien doux, en m'empressant de lui en offrir l'occasion. Si l'exécution de mon plan n'a été que médiocre, j'ai mon excuse dans les circonstances. Mais je dois un souvenir, quelque faible qu'il soit, à la cordialité des Palatins, à leur attachement pour leurs princes et pour ce couple chéri.

Une foule nombreuse obstruait depuis midi les issues de la salle, et, à trois heures, elle était tellement remplie, qu'on ne pouvait plus trouver de place. On se pressait dans les coulisses, sur les escaliers, dans les corridors et presque sous le théâtre. Vers les cinq heures, le bruit cessa tout à coup ; et, lorsque la loge électorale fut illuminée, le silence devint encore plus grand. Toute l'assemblée, à l'arrivée des précurseurs de la famille des princes, se leva subitement, pleine d'une joyeuse attente, se retourna, et tint ses regards attentivement fixés sur la grande loge. Un profond silence régnait dans la salle.

Enfin parut l'électrice, courbée sous le poids de son grand âge, et vivement émue des témoignages touchans de la joie que le peuple avait montrée à son passage. Elle répondit, avec un regard vraiment maternel, aux applaudissemens de l'assemblée. On les répéta à l'entrée de la duchesse Amélie de Deux-Ponts, princesse de Saxe, qui est généralement révérée. Ensuite on garde un moment le silence. Le comte palatin et la comtesse palatine se présentent ; toute la masse du peuple s'agite ; une acclamation générale, un cri de joie, d'émotion, d'enthousiasme qu'excitent les plus belles espérances, se manifestant hautement par des bénédictions, allait au-devant de ce couple chéri. On voit leur profond attendrissement ; leurs salutations, et tous les moyens qu'ils emploient pour exprimer leurs remercîmens, prouvent la bonté de leurs cœurs ; leur bien-

veillance prouve qu'ils apprécient avec attendrissement la confiance du peuple, sans se
flatter qu'elle soit méritée.

Bientôt les applaudissemens recommencent
avec plus d'éclat et de persévérance. La raison
confirme ces épanchemens du sentiment. Un
bruit aussi terrible que celui du tonnerre, et
qui ébranle la salle jusque dans ses fonde-
mens, répond aux salutations de la famille.
Elle se place enfin : le duc et son frère le
comte palatin occupent une loge près du
théâtre. La musique commence ; personne
ne l'entend. On parle, on crie, on s'appelle
les uns les autres. Les paroles, les regards,
les serremens de mains divisent, renouvellent
et sanctifient le sentiment et l'attendrissement. La toile se lève ; l'assemblée, tout à
coup silencieuse, attentive et immobile, porte
sa vue sur le théâtre. La représentation commence. Les acteurs peuvent ne parler qu'à
demi-voix, tant est grand le silence religieux
des spectateurs. Ce silence fait chanceler mes
genoux et trembler ma voix.

L'exposition fut reçue avec calme. Les premières allusions excitèrent un mouvement

9

spontané , qui s'apaisa sur-le-champ ; l'on entendit une acclamation violemment comprimée, à laquelle succéda un nouveau silence, et que suivent les murmures d'une joyeuse émotion.

Mais à l'endroit où le vieux et fidèle paysan dit : « Qu'il a planté des arbres devant sa chaumière, à la naissance des princes ; qu'il veut y ajouter un jeune arbre à chaque naissance d'un bon prince ; que toute la place se changera en une forêt touffue, vaste et vigoureuse, qu'aucun orage ne pourra renverser ; » en ce moment, dis-je, on entendit un cri confus : Mon Dieu ! ah ! mon Dieu. Le parterre se lève simultanément, et l'explosion devient générale.

On voit des bras élevés, des chapeaux agités en l'air en signe d'allégresse. Vivez ! vivez ! que Dieu vous conserve ! Tels sont les cris que l'amour, la fidélité, l'enthousiasme adressent à cette famille illustre.

Les jeunes princesses baisent la main de leur grand'tante, dont le visage est inondé de pleurs. Les frères, les princes s'embrassent en pleurant à chaudes larmes. Les acclamations recommencent. La représentation est suspendue, et fait place à l'attendrissement général. Elle fut enfin continuée, mais sans cesse interrompue par la joie publique toujours renaissante, par les larmes des comédiens, qui purent à peine achever la pièce.

Quand le jeune arbre fut planté pour la nouvelle comtesse palatine, plusieurs spectateurs sanglotèrent à haute voix. Tout le monde se tourna vers elle; ses beaux yeux étaient baignés de larmes; le peuple la bénissait à haute voix. Sa grand'mère lui présenta la main, comme pour lui dire « Soyez heureuse! Un jour vous serez à ma place, vous en êtes digne. » Les arbres furent entourés du ruban national du Palatinat, symbole de l'amour et de la fidélité. La pièce finit par les cris de joie du peuple, qui retentissaient dans les vestibules, dans les escaliers de la salle et sur le théâtre. Les princes embrassèrent tendrement leurs épouses en présence du public, présentèrent leurs hommages à leur grand'-tante, qu'ils regardaient tous comme leur mère. Celle-ci conduisit la comtesse palatine près de la balustrade de la loge; cet ange de beauté s'inclina profondément devant le peuple, le fit avec grâce, naturellement et sans prétention, et un cri spontané d'allégresse la salua mère des comtes palatins. Placé près d'elle, le bon Maximilien étendait ses bras vers le parterre, contemplait, les yeux pleins de larmes, toute l'assemblée, comme s'il voulait presser dans sa main toutes les mains qui s'élevaient vers lui, remercier le peuple, et lui rendre hommage du bonheur qui l'attendait pour l'avenir. Il serra son épouse dans ses bras, et fut entouré de sa famille.

Dès que la toile fut baissée, je courus chez moi sans changer d'habits, et partageai avec mes amis et les habitans de la maison les sentimens inexprimables de cette belle journée. Ma demeure devint comme une place publique. Des gens de tous les âges et de toutes les conditions, plusieurs que je n'avais jamais vus de ma vie, et que je ne revis plus dans la suite, me pressèrent la main, et versaient, en me serrant sur leur cœur, des larmes d'amitié et de joie.

Je ne pus fermer l'œil de la nuit. Un calme délicieux s'était emparé de mon cœur. Pendant plusieurs jours, je ne pensai qu'à cette fête, et maintenant encore le souvenir m'en est aussi présent que si elle n'avait été célébrée que depuis peu.

Le lendemain, l'électrice me fit donner l'ordre de venir lui parler dans son cabinet, au château de Manheim. J'étais seul avec elle; c'était à cinq heures de l'après-midi; la lumière incertaine que les derniers rayons du soleil couchant jetaient sur les lambris obscurs de l'appartement, rendait ce moment solennel; ce qu'elle me dit, le rendit sérieux. Elle me regarda un moment avec bienveillance, et m'adressa ces paroles : « Quelle soirée que celle d'hier! » Puis elle fit quelques pas sans parler.

Il me semblait qu'elle voulait cacher des larmes, ou qu'elle cherchait à ne pas dire tout ce dont elle se sentait pénétrée. Elle ajouta alors avec vivacité : « On ne peut pas dire assez de bien de la comtesse palatine! » Je répondis selon mon sentiment. Elle me répliqua : « Le prince Maximilien est aussi un bien excellent homme! » Je répondis avec franchise ce que me disait mon cœur; elle ajouta encore d'un

ton vraiment maternel : « C'est une bien belle
âme ! Quant à moi..... (Ici elle s'arrêta un
peu.) Ces bons habitans de Manheim m'ont
fait hier un accueil plus flatteur que je ne le
mérite. » Un peu déconcertée, elle porta
vers la croisée ses yeux obscurcis par les larmes, et continua en ces termes : « Je n'ai pas
été pour ce pays ce que j'aurais voulu être! »
Elle se rapprocha de la fenêtre : « Le destin
ne l'a pas voulu, » dit-elle d'un ton languisant;
puis, se tournant vivement vers moi, elle
ajouta : « Qu'elle me regardait, depuis la soirée
d'hier, comme un véritable Palatin, et que je
ne devrais pas quitter le pays. » Je m'inclinai,
en disant ce que l'émotion et la reconnaissance me suggérèrent. Elle me fit un présent
honorable, en m'engageant à lui donner la
main, et à lui promettre de ne pas abandonner ses états : je le fis, en baisant respectueu-
sement sa main. Je la quittai. Au moment
où je passais la porte, elle me cria encore :
« Du moins tant que je vivrai! »

L'aveu d'une princesse qui, accoutumée de
faire grand cas de l'extérieur de sa dignité, fut
si émue des preuves de l'amour du peuple,

qu'en jetant, dans cette soirée, ses regards sur le Rhin, elle proféra ces paroles : « Je n'ai pas été pour ce pays ce que j'aurais voulu être! » cet aveu, dis-je, et la, prière bienveillante qu'elle me fit de ne pas quitter le Palatinat, m'attendrirent à un tel point, que l'électrice a pu le remarquer à ma sortie de son cabinet.

Un de ses anciens chambellans français ne put pas attribuer mon attendrissement à un autre motif qu'au présent que je venais de recevoir. Il voulut en savoir le prix, et m'invita à me remettre un peu. Je lui répondis que je n'oublierais jamais ce moment. Il m'embrassa, en me disant, « que le présent était considérable; mais que je l'avais mérité. » Telle est la logique des habitans de l'antichambre.

A la suite des joyeux événemens qui s'étaient passés à la comédie, le public resta quelque temps sans prendre beaucoup d'intérêt à tout ce qu'on y représentait; cela était tout naturel. Cette belle fête, qui avait, pour ainsi dire, réuni le peuple en une même famille, était une action réelle à laquelle chacun avait concouru de tout son cœur. Ce qui suivit immédiatement après, si on le comparait à cette solennité, ne pouvait être considéré, quelque effort que l'on fît, que comme une simple narration; car, dans cette circonstance, les spectateurs étaient seulement passifs, tandis que le jour de la fête ils avaient pris une part active à ce qui se passait sous leurs yeux.

Dans cette disposition, quelques froids spectateurs, qui font uniquement profession d'examiner les variations de l'atmosphère politique, crurent que ce moment était favorable pour blâmer sourdement cette fête, et décrier l'auteur comme téméraire et suspect : il en résulta parfois des malentendus désagréables. Il y a des gens qui se croient des économistes parfaits quand le sentiment les scandalise, et que l'art leur paraît une folie; mais la vie politique de ces êtres éphémères ne dure qu'un seul jour : dès qu'il est écoulé, ils s'éteignent dans la fange dont ils sont sortis.

Il est certain que ce beau jour m'attacha étroitement à Manheim; l'amour et l'empressement d'un public qui est capable de tels sentimens, firent sur moi une expression ineffaçable.

Je me suis toujours efforcé de tenir fidèlement ma parole. La promesse que j'ai faite à l'électrice, dans ce moment solennel, a toujours été présente à mon esprit, non parce qu'une princesse me l'avait demandée, mais à cause de la manière gracieuse avec laquelle on l'avait sollicitée de moi, et de la bonne foi avec laquelle je l'avais faite. J'ai toujours préféré suivre la première impulsion de la sensibilité, plutôt que les calculs de la raison ; je m'en suis presque toujours très bien trouvé, quoique involontairement j'aie parfois suivi cette maxime avec entêtement, en dépit des apparences qui auraient pu m'en détourner. Les mêmes principes m'ont guidé dans mes relations avec le théâtre de Manheim : la suite prouvera que je lui ai fait de grands sacrifices.

Au printemps de l'année 1786, j'allai habiter, avec Beil et Beck, une très jolie maison de campagne à Kafferthal, ancien rendez-vous de chasse de l'électeur, non loin de Manheim.

Ce village riant est situé au milieu d'une plaine un peu sablonneuse ; mais dans le voisinage d'une forêt charmante, qui est coupée par de belles allées, d'où l'on découvre la Bergstrasse (1), aussi-bien que les montagnes du Rhin. Il est vrai qu'il n'y a point de vignobles aux environs; mais aussi l'on remarque plus d'ordre et d'aisance chez les habitans, plus de régularité dans leur conduite, parce qu'il y a moins d'inégalité dans leurs revenus. On voit régner dans ce village la paix, l'amour du travail, une bonté dans les relations de voisinage, qui nous a souvent procuré de très douces jouissances. Pendant trois ans entiers, je n'y ai pas vu un seul mendiant domicilié, si ce n'est un jeune garçon tout-à-fait difforme et perclus, qui est entretenu aux frais de la commune.

Il n'y eut cette année, jusqu'au commencement de septembre, aucune représentation remarquable, à l'exception d'*Oronoko*, où M. Böck remplit ce personnage; M^me Bitter, celui d'Imoïnde, et où nous n'avions que des rôles insignifians.

La Société allemande de·Manheim avait proposé un prix considérable pour la meil-

---

(1) Petit pays enclavé dans le Palatinat.

leure comédie qu'on lui adresserait. C'était une institution très utile et très louable ; mais promettre, comme le fit ce théâtre, de jouer toutes les pièces que l'on recevrait, était une complaisance tout-à-fait irréfléchie. Peu de bonnes pièces furent envoyées. Notre mémoire, la patience du public et des comédiens furent mis en jeu et fatigués inutilement tout l'été. Nous y gagnâmes presque le dégoût du théâtre. Nous nous en dédommageâmes, en jouissant fréquemment de la nature dans notre petit village. Là, nous recommençâmes d'une autre manière, avec plus de commodité et de dépenses, mais cependant avec beaucoup de liberté et d'enjouement, la vie que nous avions menée dans la forêt de Siebeleb, à Gotha. Nous déjeunions dans la forêt, nous nous dispersions dans ses allées pour étudier ou pour lire, nous nous réunissions à l'heure du dîner, et nous revenions au village pour y prendre en commun notre repas frugal. L'après-midi, chacun travaillait dans sa chambre. Lorsque la fraîcheur du soir commençait à se faire sentir, nous retournions dans la forêt, au bord d'une fontaine. Là, un grand feu était allumé; on y préparait le souper, et souvent minuit nous surprit au milieu des entretiens de l'amitié. Le brave Lambrecht, aujourd'hui comédien à Munich, passa dans ce lieu une semblable soirée avec nous; je crois que ni lui ni moi ne l'avons oubliée.

Quelqu'un de nos compagnons prétendit qu'il n'était pas avantageux de rester long-temps dans un même endroit; qu'il fallait penser à l'avenir, chercher à améliorer sa position, et s'en occuper sans relâche. De propos en propos, plusieurs d'entre nous, et surtout Beck et Beil, déclarèrent, le verre à la main, qu'ils quitteraient le théâtre de Manheim. Cela m'affligea. Les choses me paraissaient bien telles qu'elles étaient. Je ne voulais perdre ni Beck, ni Beil, ni aucun de mes autres collègues, quelque médiocre artiste qu'il pût être. L'ensemble de notre troupe lui donnait une certaine vie, une certaine perfection. On peut, dans un édifice, remplacer une partie défectueuse par une meilleure; mais on distingue pendant long-temps encore les coups de ciseau donnés dans les pierres conservées et dans celles qu'on a rapportées, ainsi que le ciment qui réunit les matériaux anciens aux nouveaux.

Je parlai pour Manheim avec la chaleur de l'amitié. Lambrecht me soutint, et nous fit part des observations judicieuses que l'expérience lui avait suggérées. L'agitation se calma peu à peu, l'amitié vint au secours de la raison ; Manheim l'emporta. Nous nous embrassâmes ; et, au milieu de la forêt, rassemblés en cercle autour du feu, nous renouvelâmes l'alliance de l'amitié.

En vérité, le théâtre de Manheim doit beaucoup au sentiment qui nous unissait tous trois, et en général à l'attachement que tous les acteurs avaient les uns pour les autres. Il lui doit maintes preuves de modestie ; car il nous arriva souvent d'y faire, sans prétention, telle chose qu'une autre direction se serait plue à récompenser généreusement, si elle en eût possédé les moyens. Après que nous eûmes résolu tous trois de ne pas quitter Manheim, nous décidâmes que nous songerions à notre avenir à l'expiration prochaine de nos contrats ; que nous demande-

rions des pensions ; et, comme il n'était pas
vraisemblable qu'on nous en accordât, que
nous exigerions une augmentation vraiment
très modique. Nous ne gardâmes pas le silence sur la résolution que nous avions prise
de rester à Manheim. Il aurait été plus politique, plus conforme à nos intérêts, de la
tenir entièrement secrète ; mais spéculer sur
la bonne opinion du public , sur le besoin
qu'on avait de nous, ou en général sur notre
existence pécuniaire , était aussi loin de notre
esprit que toute dissimulation. Toutes nos
conventions à ce sujet furent arrêtées à notre
endroit favori, sur les bords de la fontaine,
dans la forêt. Nous avions fixé un jour de réunion au même endroit, pour une conférence
en forme sur des matières relatives à notre
art.

Nous nous y rendîmes tous ; chacun avait
beaucoup de choses à dire , mais personne
ne voulait commencer. Maintenant que nous
sommes d'accord pour rester à Manheim, dit
enfin quelqu'un d'entre nous, n'avons-nous
pas à craindre de devenir , après un séjour de
plusieurs années , indifférens au public de

cette ville ? lui-même ne peut-il pas nous le
devenir ? Les deux parties pourraient peu à
peu s'endormir poliment l'une à côté de l'autre. Comment obvier à cet inconvénient ?
Alors on fit différens projets : on pensa que
des congés qui permettraient de voyager, et
de voir d'autres artistes, un autre public, seraient un utile remède. Enfin vint le moment
de discuter sur notre art. Nous nous promîmes de nous avouer franchement les uns
aux autres, si nous étions avancés, restés
au même point, ou si nous avions rétrogradé.

Nous nous étions toujours observés en secret, nous nous en étions quelquefois dit un
mot en passant; mais il y avait long-temps
que nous n'avions eu une conversation détaillée sur nos exercices dramatiques. En ce
moment nous nous rappelâmes les souvenirs
des années précédentes, où, sans faire mention de quelques momens d'humeur passa-
gers, il n'y avait eu pour nous trois, dans
tout ce qui concernait notre profession, qu'un
gain, qu'une perte et qu'une gloire. Nous
trouvâmes qu'une position plus élevée avait
exclu, ou du moins interrompu, les plaisirs

simples. Nous convînmes tous les trois que
les plaisirs simples dans une sphère d'activité
moins grande, nous avaient procuré des jouissances plus douces et plus originales que
celles que nous goûtions aujourd'hui. La résolution de ne jamais nous perdre, à quelque
prix que ce fût, dans une carrière plus vaste
que celle où nous étions, fut avant tout re-
nouvelée formellement. Nous arrêtâmes aussi
que nous recommencerions à exercer sur
nous une critique sévère ; que nous éviterions
rions tout ce qui pourrait endormir la vigi-
lance de cette critique, et que nous aplani-
rions tous les obstacles qu'elle pourrait rencontrer. Ensuite nous passâmes en revue nos
défauts et nos qualités; mais nous nous y prîmes
franchement, avec l'ardeur que donne le désir du bien, les égards qu'inspire l'amitié la
plus tendre.

Cet examen nous conduisit à reconnaître
que l'un commençait à substituer les manières
à la vérité ; que, chez un autre, la vérité
était trop sèche, et voisine de la trivialité ;
qu'enfin la contenance du troisième dégéné-
rerait bientôt en vaines formalités ou en affé-

terie. Nous rappelâmes les rôles, les représentations, les passages sur lesquels ces observations portaient principalement. Quelques années auparavant, nous avions arrêté entre nous que nous ne ferions jamais rien pour provoquer les applaudissemens, du moins dans ce qu'on appelle les sorties. Nous n'avions pas cessé de nous observer très exactement à cet égard; et quand il nous arrivait d'enfreindre cette loi, nous nous faisions souvent des reproches sérieux; mais, en revenant sur le passé, nous trouvâmes que nous étions allés trop loin. Quelquefois, séduits par l'orgueilleuse espérance de faire un sacrifice brillant, nous avions apporté trop peu d'attention à nos rôles, afin d'être plus sûrs de n'avoir pas dépassé les bornes. Nous étions restés alors bien au-dessous de la vérité; car l'obligation de pouvoir finir une tirade avec la résignation convenue, devait nécessairement glacer et paralyser toute la scène précédente. Nous apportâmes de justes restrictions à cette loi. On résolut qu'une tirade introduite par le poète pour remplir une lacune ne serait pas récitée avec une énergie

particulière, mais seulement avec la grada-
tion qui convenait au rhythme; tandis que,
lorsqu'à la fin d'une scène, l'action demanderait de la vigueur et de la vivacité, une modestie mal entendue n'empêcherait plus personne de lui prêter les ornemens dont elle
était susceptible; que, lorsque l'un de nous
ne serait pas content de l'autre, le silence
exprimerait, au théâtre, la désapprobation,
jusqu'à ce qu'elle fût discutée dans la prochaine conférence. Quant à notre approbation, nous convînmes de la faire connaître
désormais par une inclination de tête amicale.
Nous arrêtâmes aussi alors, quoique nous n'y
eussions jamais manqué, que, dans les momens où nous serions en scène en même
temps, le jeu de l'un ne nuirait jamais à l'intérêt du rôle de l'autre, ni en général d'aucun autre acteur; que, dans le jeu muet, en
marchant, en s'arrêtant, on ne ferait jamais
que ce qui serait exigé par le rôle et par la
circonstance; que nous mettrions beaucoup
d'importance et d'attention à remplir toutes
les lacunes que pourraient apporter dans
l'action de la pièce notre négligence ou celle

des autres comédiens. Nous nous promîmes d'apprendre plus exactement nos rôles. Avant tout, nous arrêtâmes deux choses, et nous les avons toujours observées, l'une en partie, l'autre sans restriction. La première, c'était, lorsque la salle serait presque vide, de redoubler de zèle et d'efforts, et de développer plus que jamais les ressources de notre génie. En second lieu, s'il arrivait que, tel ou tel autre jour, un sort malheureux nous empêchât de réaliser ce projet, nous jouerions, quoi qu'il en coûtât, de manière à donner au moins une idée reconnaissable du talent de l'acteur. Ces mesures, ainsi concertées entre nous, ne sont jamais venues à la connaissance de qui que ce soit. Le bien se faisait toujours sans bruit et sans prétention.

Une nouvelle vie anima les plus anciennes représentations. Nous réveillâmes bientôt le public de l'assoupissement dans lequel l'avaient plongé les insipides épreuves des mauvaises pièces envoyées pour disputer le prix ; tout le monde fut charmé d'un changement qu'on regardait comme accidentel, tandis qu'il n'était que le résultat de nos rigoureuses con-

ventions. Bien des gens nous auront crus trop
légers et trop insoucians pour prendre de semblables résolutions.

L'époque la plus brillante du théâtre de
Manheim fut le temps qui s'écoula depuis
le mois de septembre 1786, jusqu'au même
mois de l'année 1793.

Au mois de septembre 1786, le baron de
Dalberg honora le théâtre d'une pièce de sa
composition; c'était *le Solitaire du mont Car-
mel*. La représentation en fut excellente sous
tous les rapports. Le théâtre avait fait l'année
précédente une très bonne acquisition, dans
la personne de M. Suler Quaglio, neveu du
célèbre décorateur de ce nom. Sa connaissance des effets de lumière, son goût pour le
style le plus noble, ses perspectives charmantes, font l'objet de l'admiration de tous les
connaisseurs. C'est dans cette pièce que parut
la première décoration inventée et exécutée
par cet artiste : elle obtint le succès le plus
complet, et le public lui en témoigna hautement sa satisfaction. Les costumes étaient
aussi d'une exactitude parfaite. Cette pièce
dans laquelle les acteurs ont prouvé, d'une

manière évidente, qu'ils s'intéressaient à la chose, et qu'ils étaient reconnaissans des bontés de l'auteur, fit le plus grand plaisir, non seulement la première fois qu'elle fut jouée, mais aussi à toutes les représentations suivantes.

On joua aussi pendant l'hiver l'opéra d'*Hélène et Páris*, musique de Winter. M^me Müller, qui, à cette époque, était encore M^lle Boudet, joua le rôle de l'Amour avec plus de grâce que jamais, et le chanta d'une manière plus brillante encore. M^me Beck soutint, par l'entraînement de son chant et la vérité de son jeu, la gloire qu'elle s'était déjà acquise. Les accessoires de la représentation faisaient beaucoup d'honneur au régisseur, M. Bennschüb.

Pendant l'été de la même année, je composai à Kufferthal la pièce qui a pour titre : *La Conscience*. On la représenta le 12 décembre avec beaucoup de succès. Beck joua le rôle de Ruchberg avec beaucoup de talent; il caractérisa principalement les passages marquans du quatrième acte, par une tristesse et une dignité qui atteignirent parfaitement le but que je m'étais proposé. Beil, dans le rôle du valet de chambre Meyer, était la vérité même. Une foule de petits traits qui n'étaient propres qu'à lui, un développement parfait du caractère que son génie seul put lui indiquer, firent de cette esquisse une image pleine de vie. Böck, dans le ministre, fut plein de noblesse et de chaleur.

Le lecteur passera ces lignes avec impatience en disant : « Cela fut et n'est plus. » Eh! c'est positivement ce qui m'oblige d'en parler. L'architecte, le sculpteur, le peintre peut dire de ses travaux : « Cela est et sera; » il n'en est pas de même du comédien. Il ne peut perfectionner son ouvrage qu'en employant les ressources de toutes ses forces; chacun de ses efforts l'approche de plus en plus du tombeau. C'est ce que prouve, après chaque représentation énergique, sa poitrine haletante, son pouls agité et tout son système nerveux ébranlé, sans qu'il puisse cependant en tirer gloire et dire : « Cela sera un jour! » Ses travaux s'évanouissent, comme le sourire s'efface sur les lèvres de l'homme. Ces considérations obligent l'ami et l'admirateur d'un grand talent à consacrer par quelques mots sa reconnaissance pour ce qui a été.

L'an 1787 fut remarquable par les efforts constans de tous les membres du théâtre. M. Müller, natif de Manheim, quitta l'orchestre, et débuta dans le rôle d'Odoardo. Il avait déjà attiré l'attention dans les représentations d'un théâtre de société, et fut reçu dans sa ville natale avec de grands applaudissemens. Depuis, dans des rôles de haut comique, comme le conseiller Ritter dans *Freemann;* Falbring dans *Dienstpflicht* (le devoir); le conseiller de finances Gräber, dans *le Tuteur,* a développé un talent si distingué, qu'on peut le compter avec justice parmi les comédiens de mérite.

Je jouai cette année, comme je l'avais fait en 1784, sur le théâtre de Francfort-sur-le-Mein. L'accueil bienveillant que j'ai toujours reçu du public de Francfort fera toujours partie des plus beaux souvenirs de ma vie. J'achevai aussi dans ce temps la pièce qui a pour titre : *Rene versöhnt* (le repentir expie la faute). On la donna sans succès en 1788. Dans le courant de cette année, Mercier vint de Paris à Manheim, en passant par la Suisse. Dès lors il prophétisa avec la plus grande exactitude tout ce qui est arrivé en France depuis cette époque jusqu'au commencement de 1790, comme aussi maints événemens.... Mais de pareils détails n'appartiennent pas à ce tableau. Il fut très content du théâtre de Manheim. La représentation des *Brigands* lui fit le plus grand plaisir. Je passerais les bornes de la modestie, si je rapportais tous les complimens qu'il me fit sur mon jeu dans le rôle de François Moor; j'avoue cependant que j'étais ravi de les entendre de la bouche de Mercièr. Il souhaitait une révolution du théâtre français avec autant d'ardeur qu'il avait contribué à la grande révolution de l'état.

Pendant l'été de la même année, l'électeur vint à Manheim. Il s'intéressa beaucoup au théâtre, qui lui donna des représentations soignées et animées. C'est alors que je composai *Figaro en Allemagne.* Dans le cours de l'automne, l'électeur revint inopinément. On croyait alors généralement qu'il s'établirait à Manheim avec sa cour. Comme les gardes et la plus grande partie de sa maison l'y avaient accompagné, cette conjecture obtint bientôt de la vraisemblance.

Pendant l'hiver de cette année, je fus appelé, comme je l'avais été en 1785 et 1786, pour donner quelques représentations au théâtre de la cour, à Carlsruhe. La bonté, la critique fine et judicieuse de monseigneur le margrave, la conversation de l'aimable famille Edelsheim, aussi-bien que quelques heures précieuses passées dans la société de Sehlosser, me rendaient toujours ce voyage très agréable.

L'électeur ne parut que très rarement à la comédie, à cause de la faiblesse de sa santé et de la rigueur extraordinaire de l'hiver. En juin 1789, il s'en retourna avec sa cour à Munich. Depuis il n'est plus revenu dans le Palatinat. Je me promenais hors des portes lorsqu'il revint au-delà du Rhin pour faire ses adieux à son épouse, à Oggersheim, et qu'il passa autour de la ville pour aller à Schwetzingen. Ce prince ne pressentait pas alors, et personne ne pouvait le pressentir, qu'il devait être séparé pour toujours de la belle partie du Palatinat située au-delà du Rhin.

Dans le cours de cette année, on représenta les premières pièces de M. de Kotzebue. *Misanthropie et Repentir, les Indiens en Angle-*

*terre, les Strélitz de Babo*, firent une vive sensation sur le public, et entraînèrent tous les applaudissemens.

C'est également dans cette année que M. Brockmann joua sur notre théâtre les rôles de Beaumarchais, d'Ellborn dans *le Mari volage;* du grand forestier dans les *Chasseurs;* et du comédien dans *die Heirath durch ein Wochenblatt* (le Mariage par la feuille hebdomadaire). Je fus obligé, le jour même de son arrivée, de partir pour le théâtre de société de Saarbruck, par suite d'une promesse faite antérieurement, et ne pus jouir de la perfection de son jeu que par ce que j'en entendis dans le public à mon retour. Je l'avais déjà vu à Hanovre, et j'avais admiré son beau talent. M. Brockmann me déclara, avec amitié, que l'empereur Joseph l'avait chargé de conclure mon engagement pour Vienne. Nous en parlâmes la veille de mon départ. Cette proposition était la suite d'un entretien que j'avais eu un jour avec M. le comte de Lehrbach, ambassadeur autrichien auprès de la cour palatine, en lui demandant un privilège afin de prévenir une contrefaçon, dans le cas où je publierais la collection de mes pièces de théâtre. Dans cet entretien, je lui avais témoigné le désir de voir le théâtre de Vienne. Peut-être ne me suis-je pas expliqué assez clairement, car, par sa réponse, je pus voir qu'il croyait que ma demande avait pour but un engagement à Vienne. Persuadé que M. l'ambassadeur ne se souviendrait bientôt plus de cette conversation, je crus qu'il serait impoli de le contredire, et ne lui expliquai pas le malentendu. La communication bienveillante de M. Brockmann m'embarrassa d'autant plus, qu'en me la faisant, il paraissait persuadé qu'il y avait eu des offres faites de ma part.

Quel homme et quel artiste ne sentira pas une vive inquiétude, quelles que soient ses opinions et ses principes, quand on lui offre une sphère d'activité dans une ville telle que Vienne ? Je ne manquais pas non plus d'amis étrangers qui traitaient mon long séjour à Manheim de déraisonnable, et même de contraire aux intérêts de l'art. Cette considération, et toutes celles qui se rattachaient à cette affaire, me firent réfléchir mûrement à cette offre. Je demandai quelles seraient les conditions de l'engagement. Elles me parurent avec raison au-dessous de tout ce que je pouvais justement attendre. Je m'en réjouis vivement. Le sort me dispensait par là de la peine de prendre une résolution négative ou affirmative, relativement à la question de savoir si je partirais ou si je resterais.

Je déclarai à M. Brockmann que la somme de quinze cents florins que l'on m'offrait était beaucoup trop faible, relativement à ma position présente, et même sous tous les autres rapports. Comme M. Brockmann n'avait pas de pleins pouvoirs pour aller plus loin, nous convînmes de poursuivre par écrit la négociation de cette affaire. Quelques semaines après je reçus des lettres de M. Jünger, dans lesquelles il m'offrait, outre l'argent nécessaire pour ma garde-robe, neuf cents thalers de convention (1). Mais, indépendamment de ce que M. Jünger prenait, dans sa correspondance, le titre de poète du théâtre (qualité qui ne lui convenait pas dans une affaire de cette nature, quelque estimable qu'il me

_____

(1) Environ 5,000 francs.

parût personnellement), cette lettre contenait
encore des conditions tout-à-fait singulières.
Je devais être d'abord engagé pour un an, et
si je plaisais, je le serais pour toujours ; mais,
si je ne réussissais pas, je pourrais me retirer
où il me plairait, au bout de cette année. Pour
peu qu'on ait le sentiment de soi-même, il ne
faut pas beaucoup de vanité pour regarder
comme nulle une condition de cette nature.
Je rompis donc entièrement la négociation.
J'ai agi d'autant plus sagement dans cette circonstance, que j'ai vu depuis M. Beck faire
l'expérience que le théâtre de Vienne, au sujet
d'une pièce de sa composition, ne se croyait
pas obligé de tenir une promesse faite par
M. Jünger, en son nom.

La famille Keilholz vint cette année donner quelques représentations à Manheim. Ma-
demoiselle Keilholz l'aînée ravit tellement
les spectateurs par l'expression de son chant,
par la beauté de sa figure, qu'on excusa dans
sa sœur un talent moins distingué, et qu'on
la reçut avec bienveillance. Toutes les deux
furent engagées. Bientôt l'aînée montra dans
le rôle de Marie Stuart, de l'Iphigénie de

Glück, de Nina, le talent le plus rare pour la haute tragédie. L'émulation et l'ardeur que cette artiste excita dans toute la troupe, fit de cette période la plus brillante du théâtre de Manheim. Mais je dois dire à la louange du public de cette ville que, quelque grand qu'ait été l'enthousiasme qu'inspira avec fondement l'apparition de cette actrice, il ne s'est jamais montré injuste envers les autres comédiens qui, dans leur genre, pouvaient avoir autant de mérite qu'elle. Souvent, au contraire, on le vit donner des preuves marquantes de sa justice, de son intérêt même et de son estime à ceux qui avaient redoublé d'efforts et de talens pour lui plaire, et se rendre dignes de leur gloire. De temps en temps, quelques personnes avides de nouveauté, et toujours de mauvaise humeur de ce que tout ne se faisait pas par leur influence, s'efforcèrent de provoquer, par des motifs secondaires, ou en décriant une partie absente, le despotisme arbitraire d'une autre partie. Mais toutes leurs tentatives furent impuissantes.

La révolution de France, qui éclata cette

année-là, jeta en Allemagne une foule de fugitifs de tout genre; un plus grand nombre encore arriva en 1790. Beaucoup d'entre eux s'établirent ou à Manheim, ou dans les environs. On s'aperçut bientôt au spectacle du caractère vif des Français. La promptitude avec laquelle ils entrent dans une situation, l'intérêt avec lequel ils s'en emparent, et la saisissent bien plus vivement que ne le font les Allemands, se manifesta de la manière la plus frappante. Bientôt leur enthousiasme se communiqua involontairement au public, facilita tous les efforts des artistes, développa plus promptement dans chaque commençant le germe du talent, donna à beaucoup de représentations tant de vivacité et de chaleur, que les comédiens atteignirent à leur insu un degré de perfection auquel ils ne seraient jamais parvenus sans ces encouragemens du public.

Aux fêtes de Pâques de 1790, on me fit, par ordre du roi de Prusse, la proposition d'entreprendre la direction du théâtre national de Berlin. Les conditions étaient honorables et brillantes ; j'en fus d'autant plus agréablement surpris que je n'avais fait aucune démarche à ce sujet.

J'allais partir pour Berlin, afin de prendre des renseignemens plus positifs, quand j'appris qu'une dame avait remis un autre projet, qui rendait nulle la proposition qu'on m'avait faite. Au lieu d'aller à Berlin je m'embarquai sur le Rhin pour me rendre à Dusseldorf; je fis une partie de ce voyage dans la société du célèbre Forster. Dans son ouvrage qui a pour titre : *Ansichten*, etc., son chapitre sur la cathédrale de Cologne prouve que je ne lui étais pas indifférent. C'est, je crois, un sentiment de vanité bien permis que de citer un aussi honorable témoignage.

A l'occasion des cérémonies auxquelles donna lieu le couronnement de l'empereur Léopold, je composai *Frédéric d'Autriche* pour le théâtre de Mayence, qui donna pendant ce temps des représentations à Francfort. Je jouai quelques rôles sur ce théâtre.

Avant mon départ de Manheim, M. de Dalberg apprit, par un cavalier de Vienne, qui vint lui faire une visite, qu'on avait de nouveau l'idée de m'engager au théâtre im-

périal. Je n'en savais rien, et j'en recevais par
M. de Dalberg lui-même la première nouvelle. Nos contrats avec Manheim finissaient
l'année suivante. Mon voyage à Francfort
pouvait m'offrir l'occasion de conclure un engagement avantageux pour Vienne. Cette
époque était donc également importante pour
les deux parties. M. le baron de Dalberg eut
la bonté de me laisser voir qu'il avait la crainte
de me perdre, et de me répéter ce que je savais déjà que l'électrice avait dit hautement :
*Je ne crois pas qu'Iffland parte tant que je
vivrai; il m'en a donné sa parole, et c'est un
honnête homme.* Ces deux circonstances me
touchèrent vivement; je pouvais croire que
M. de Dalberg, *comme homme*, faisait quelque cas de moi. Cette confiance me fut toujours du plus grand prix. J'ai beaucoup fait,
beaucoup sacrifié pour qu'il ne fût pas trompé
dans son opinion; d'un autre côté, j'entendais
les paroles de la vieille et respectable princesse : *Jamais, du moins tant que je vivrai!* et
je me rappelais aussi vivement la promesse que
je lui avais faite. Elle avait conçu, sans con-
tredit, depuis le 20 novembre 1785, une

11

autre opinion des artistes allemands. Elle fré-
quentait le théâtre, s'intéressait vraiment à
ses progrès, et nous témoigna plusieurs fois
sa bienveillance avec une bonté toute mater-
nelle. Tous ces motifs, les liens de l'amitié
que je devais rompre, me faisaient regarder
mon éloignement de Manheim comme absolument impossible, quoique la raison me
dît qu'il me serait avantageux d'accepter les
propositions de Vienne. Je répondis sur-le-
champ à M. de Dalberg, avec franchise et
attendrissement, que je ne pensais pas du tout
à quitter Manheim; je lui exposai même les
raisons qui me portaient à agir ainsi. Comme
il paraissait douter encore de ma véracité, je
lui donnai ma parole d'honneur de ne rien
conclure à Francfort sans qu'il en eût connaissance, dans le cas où il croirait ne pas
pouvoir s'en rapporter uniquement à la promesse que je lui faisais de ne pas prendre
d'engagement. J'avoue qu'après avoir toujours tenu ponctuellement les promesses que
je lui avais faites, qu'après avoir montré tant
de franchise en lui faisant celle-ci, ses doutes
réitérés me frappèrent, me fâchèrent même,

et me semblèrent inconcevables. Il est juste,
ajoutai-je alors, qu'après l'explication sincère
que je viens de donner, et à laquelle, si le
théâtre prend quelque parti avantageux pour
notre avenir, je crois pouvoir associer Beck
et Beil, quels que soient leurs projets ; il est
juste, dis-je, que si, après treize années de
service, nous renonçons à tous les avantages
qui nous sont proposés et qui ne se représen-
teront plus à l'avenir, la cour fasse pour nous
ce qu'elle a toujours eu coutume de faire sans
difficulté pour des étrangers, c'est-à-dire
qu'elle nous accorde une pension de retraite
dès que nous serons dans l'impuissance de
prolonger nos services, ou dans la supposition que le théâtre de Manheim viendrait à
être supprimé. J'attends avec confiance cette
faveur de la justice et de la bonté du prince.
M. de Dalberg me promit son intercession,
tint sa parole, et atteignit bientôt après le but
de ses nobles efforts. Pendant qu'il assistait
au couronnement à Francfort, il me fit voir
les brevets de pensions accordées à Beil, à
Beck et à moi.

Enfin, mon sort était fixé pour le reste de

ma vie; j'étais heureux de ce qu'aucune incertitude, aucune tentation, ne pourrait désormais ébranler ma résolution; heureux de
ce que le désintéressement avec lequel j'avais
renoncé à tous les avantages qu'on m'offrait,
avait été également utile à d'autres. C'est ce
qui eût effectivement lieu; car une fois le
chemin frayé, d'autres acteurs obtinrent aussi
des pensions. Sur ces entrefaites, l'empereur
Léopold assista à une représentation dans laquelle je jouais, et fit voir, à ne pas s'y mé-
prendre, qu'il était content de moi. La bien-
séance exigeait que parmi tant de grands
seigneurs de Vienne qui accompagnaient ce
souverain, je fisse particulièrement une visite
au vieux prince; j'aurais pu apprendre auprès de lui quel était le sort qu'on me desti-
nait dans cette ville, et cette curiosité était
bien naturelle. J'avais aussi à le remercier
pour le présent que m'avait fait l'empereur;
et d'ailleurs ce seigneur avait témoigné le
désir de faire ma connaissance. Je tentai donc
treize fois d'arriver auprès de lui, mais ce fut
toujours en vain; la quatorzième fois, feu

M. le ministre badois d'Edelsheim, son ami,
m'introduisit auprès de lui.

Le prince me regarda long-temps sans parler. Après quelques instans donnés à sa toi-
lette, il se tourna vers moi en disant très
lentement : « Puisque vous désirez être engagé
à Vienne, et que sa majesté l'empereur l'ap-
prouve, vous n'avez qu'à venir m'y voir après
le couronnement hongrois. On pourra alors
en parler. » Je m'inclinai, descendis l'escalier
à la hâte, courus chez moi, et me promenai
dans ma chambre, plein de joie d'avoir terminé mes conventions avec Manheim. J'écrivis
sur-le-champ à M. de Dalberg, que d'après ce
qui venait de se passer, je ne pouvais considérer mon sacrifice comme aussi grand qu'il
le croyait. Je pensai à la vénérable électrice,
à ses paroles affectueuses : *Jamais, du moins
tant que je vivrai !* Je pensai à la crainte amicale de mon chef, qui était très fortement en
contraste avec la froideur de cette altesse.
J'étais transporté de joie de pouvoir rester dans
ma petite sphère, et je désirais ardemment retourner à Manheim. Mon *Frédéric d'Autriche*
me procura quelques momens agréables, sur-

tout lorsqu'on le représenta devant la maison impériale. Le public, dans cette circonstance, fit connaître avec force les espérances que lui inspirait le choix qu'on avait fait du législateur de la Toscane pour occuper le trône impérial. Une autre pièce, *la Journée d'automne*, que j'avais composée cette année, fut jouée dans le même temps à Francfort, et réussit également. Je fus présenté à l'empereur, qui m'adressa quelques paroles bienveillantes. Je passe sous silence les cérémonies du couronnement, plusieurs jours mémorables et quelques momens intéressans : on les a assez décrits ailleurs. L'or, l'argent, la pompe, les pierreries, les équipages, le bruit du canon, les cortéges, les illuminations, les tambours, le son des cloches, tout cet éclat si varié, tout ce bruit si continuel m'avait tellement ébloui, tellement assourdi, que je passai sur le pont de Saxenhausen avec le vif désir de rentrer à Manheim. Dès qu'arrivé à la forêt prochaine, je pus jouir du calme et du silence de la nature, semblable à un convalescent qui fait sa première sortie, je respirai à longs traits l'air frais et balsamique de ces lieux. A mon retour, on nous remit les brevets expédiés de la main même de l'électeur, dans lesquels on nous donnait l'assurance que nous serions employés pendant toute la durée de notre vie, soit à Manheim, soit à Munich. Je lus le mien cette fois avec plus d'attention qu'il ne m'avait été possible de le faire dans le premier moment de la joie que m'avait causée cette décision. Je vis qu'on n'avait pas accueilli ma proposition d'assigner immédiatement la pension sur une caisse électorale, comme par exemple sur la caisse générale de Manheim. Elle devait être payée sur la caisse du théâtre. Je représentai que, dans le cas possible où le théâtre de Manheim serait fermé, sa caisse le serait probablement aussi, et qu'alors il se pourrait qu'un nouveau ministre des finances me renvoyât à cette caisse qui, n'étant pas dotée, serait bientôt vide, et ne fît que peu d'attention, ou même n'eût aucun égard à toutes mes réclamations ultérieures. M. de Dalberg m'ayant assuré que, dans de pareils cas, la grande caisse électorale se chargerait des obligations transférées des autres caisses, je me tranquillisai et signai avec empressement, le 4 novembre 1790, mon engagement à vie pour Manheim.

Au moment où j'allais apposer mon nom sur cet acte, M. de Dalberg me demanda si je ne le faisais pas avec une certaine inquiétude ; s'il ne me semblait pas pénible de me déterminer pour toute la vie : il ajouta que, dans ce cas, je pouvais ne m'engager que pour six ans. Je lui répliquai, avec émotion et avec franchise, que depuis tant d'années, et surtout dans le temps où le désir de voir le monde se fait sentir plus impétueusement, je croyais avoir prouvé mon attachement à sa personne et au pays, ma résolution de vivre dans une position tranquille, et la modération de mes souhaits. Je signai donc mon engagement à vie, et, suivant notre convention, M. de Dalberg me prêta, de sa propre cassette, une somme que je devais rembourser par mois et sans intérêts, afin de me faciliter l'acquisition d'une propriété sur les bords du Rhin, que je convoitais depuis long-temps, et que j'étais sur le point d'acheter.

Dans cette même année, je reçus de Saarbruck la commission de composer une pièce de théâtre en un acte, pour la cérémonie de la réunion prochaine de ce pays aux états de l'avant-dernier prince Louis. *Lucassan*, composé à cette occasion, fut représenté à Saarbruck, et ce prince m'assigna une pension pour y jouer de temps en temps, et pour y diriger le théâtre de société. C'est là que je connus le conseiller de finances Stengel, dont le souvenir me sera toujours cher. La fermeté de ses principes, la douceur de son caractère ne pouvaient être altérés, ni par les faveurs, ni par les disgrâces de la fortune. Aux connaissances les plus étendues, il unissait le goût le plus pur et la chaleur la plus entraînante : que ne dois-je pas à son amitié et à ses conseils!

Tranquillisé sur l'avenir par mes agréables rapports avec Carlsruhe et Saarbruck, et par mes relations amicales avec Dierkheim, je jouissais du contentement le plus parfait.

La résidence du comte palatin ayant été transférée de Strasbourg à Manheim, cette ville devint bientôt beaucoup plus vivante. L'intérêt que cette maison prenait au spectacle, son attention, les marques d'approba-

tion que ce couple chéri donnait à tous les
sentimens nobles et généreux, prêtaient aux
représentations un charme tout particulier, et
animaient les comédiens d'une nouvelle ardeur pour leur profession.

Lorsque les premiers troubles de Paris furent passés, les grands événemens qui leur
succédèrent firent espérer un résultat heureux pour l'humanité, mais qui ne serait pas
acheté aussi cher qu'il l'a été depuis. Chacun
y prit plus ou moins d'intérêt. Tous se ré-
jouirent de ce que l'oppression avait cessé, et
il n'y avait personne à qui la déclaration de
l'assemblée nationale n'eût inspiré le plus vif
enthousiasme.

Cette déclaration portait : « Que l'assemblée
n'avait en vue que le salut de la France et la
défense de son territoire ; mais qu'elle ne
désirait pas faire de conquêtes. » On voyait
d'un autre côté l'agitation si variée des émigrés, les singularités de leurs caractères, leurs
folies. On jouissait avec plaisir de la conversation intéressante de quelques hommes de
mérite ; on menait une vie très agréable, au
milieu de ce mélange qui prenait chaque jour

une nouvelle forme. Nous ne pressentions pas les complications terribles, la lutte de sang qui devaient en résulter, et détruire d'une manière aussi cruelle notre paix et celle du monde entier.

L'état des choses, l'impression qu'il faisait sur les esprits s'étaient visiblement changés vers le milieu de 1791, et plus encore vers Pâques 1792. Tous les événemens changèrent de face. Tous les hommes qui étaient auparavant l'objet de la conversation, et qui donnaient lieu à des entretiens paisibles, sensés et sérieux, s'échauffèrent, s'aigrirent et amenèrent souvent des discussions fàcheuses.

La guerre des opinions commença avec acharnement. La bonne intelligence qui régnait dans les relations journalières, fut détruite avant même qu'on ne s'en aperçût. Le désordre se manifesta d'abord avec moins de force, puis avec plus de violence à la salle du spectacle, et se fit même sentir dans la vie privée des comédiens. Il fut peu à peu à l'ordre du jour que les partisans de tel ou tel système s'efforçassent de faire prévaloir leur opinion par une froideur convenue, ou par des applaudissemens bruyans.

La conduite imprudente, et souvent même insolente des émigrés offensait les bourgeois. Leur enthousiasme bruyant et impétueux, qui éclatait particulièrement lorsqu'il se présentait au spectacle des situations ou des phrases qui avaient quelque ressemblance avec leurs sentimens, ne peut être conçu que par très peu de personnes, et devenait importun au plus grand nombre, et insupportable à tous ceux qui ne prenaient aucun intérêt à Louis XVI, ou qui étaient du parti contraire. C'est ce qui eut particulièrement lieu après l'arrestation du roi à Varennes; et cette disposition se montra dans les partisans des différentes opinions, lorsqu'on donna l'opéra de *Richard Cœur-de-Lion*. Des sanglots, des hurlemens, des embrassemens, et tous les mouvemens les plus passionnés signalèrent cette représentation où ce peuple si vif, réuni en grand nombre, exalté par la douleur, la rage, la vanité, le malheur et l'espérance, fit éclater hautement ses transports. On jeta des vers sur le théâtre, et l'on ne put parvenir à apaiser le tumulte avant qu'on ne les eût récités. L'assaut du château qui termine l'opéra, et à la suite duquel Richard est délivré par Blondel, porta ces hommes attendris au plus haut degré d'effervescence; ils montèrent sur les bancs; les cris des assaillans furent interrompus au parterre par des cris lamentables en faveur de Louis XVI, dont le sort n'était pas encore décidé.

. La représentation terminée, tous les Français et beaucoup d'habitans redemandèrent, avec un bruit continuel, tous ceux qui avaient joué dans l'opéra. On obéit. Il aurait été très sage que tous s'inclinassent, et que personne ne parlât. La toile se leva, et tous les acteurs parurent; alors il se fit un profond silence. Le public attendait une réponse, comme cela arrive ordinairement après une pareille faveur. Dans cette circonstance critique, il était aussi dangereux de ne rien répondre à une masse de peuple aussi violemment agitée, qu'il était difficile de dire quelque chose qui ne déplût pas en ce moment à quelques personnes, et plus tard à la majorité. Le moment pressait, il ne restait pas un seul instant à la réflexion.

Ému par ce tumulte, plus encore par les exclamations douloureuses du parterre (ce qui est facile à concevoir de la part d'un artiste sensible), je dis en français : « Fasse le ciel que le roi trouve un Blondel qui lui sauve la vie! » Tout le public, allemand et français, répéta ce souhait sans qu'on entendît aucun murmure désapprobateur, et la toile fut baissée. Quoique l'on ait peu parlé de cet événement, je rapporte cependant à cette époque des désagrémens, des momens très pénibles, qui ont troublé mon existence et ma carrière dramatique d'une manière si frappante que je ne puis pas m'empêcher d'en faire mention.

Tous ceux (et c'était peut-être le plus grand nombre) qui ne trouvaient dans Louis XVI aucune vocation pour la royauté, étaient alors d'accord, et paraissent l'être encore aujourd'hui, qu'il méritait, sous beaucoup de rapports, de l'estime et surtout de la pitié. Voilà ce que je sentais à cette représentation. Je ne dis absolument que ce que je devais dire.

Les plus grands politiques ne prévoyaient pas alors qu'un an après, la France se déclarerait république. On peut donc présumer que la plupart de ceux qui m'ont blâmé et décrié amèrement par suite de cet événement, n'auraient pas agi d'une manière bien différente dans une occasion semblable.

Bien que j'aie fait constamment tous mes efforts pour mériter l'intérêt de la majorité, je n'ai jamais cherché à captiver l'intérêt d'un parti quelconque. Peut-être ai-je été trop loin ; peut-être même me suis-je fait du tort pour éviter jusqu'à l'apparence d'une pareille intention.

Pendant les représentations qui eurent lieu à la suite de cet événement, les émigrés, avec lesquels je n'eus jamais aucune relation, si l'on en excepte un homme estimable que j'avais connu long-temps avant la révolution, me témoignèrent leur intérêt d'une manière peu marquante, mais cependant un peu plus vive qu'auparavant. Un acteur distingué, persuadé par les propos de quelques individus malveillans, crut que j'avais employé ces moyens pour obtenir des applaudissemens et une certaine renommée qui pût surpasser la sienne. Par suite de cette persuasion, il avait conçu une sorte de jalousie qu'il n'avait jamais connue auparavant. Indifférent jusqu'alors aux

affaires publiques, il feignit, pour contreba-
lancer mon influence, de se placer sous l'égide
du parti opposé, et de le faire agir dans ses
intérêts. De là, résultèrent des discours, des
opinions sur mon compte, dont je n'ai appris
les effets et la véritable acception que quelque
temps après l'événement. J'opposai à ces tracasseries, à l'aigreur de mon rival, de la patience, de la douceur, et ma confiance dans
ma façon de penser. Je saisis plusieurs occasions de donner les explications les plus claires,
que j'appuyai sur des faits. Un jour, l'ami qu'on
avait, par tant de séductions, obligé à me méconnaître, se jeta, vivement touché, dans mes
bras : « Ce qu'on croit n'est pas vrai, s'écria-
t-il, je le sais ; non, ce n'est pas vrai. » Quelques semaines se passèrent en bonne intelligence ; puis une fausse ambition et de nouvelles insinuations l'engagèrent de nouveau
dans le parti qui s'était déclaré contre moi.
Jusque-là, je ne pouvais me reprocher d'avoir
négligé les devoirs de l'amitié ; mais comme
je ne pouvais plus parler à personne, ni saluer
qui que ce soit sans craindre d'être mal compris, mon repos exigeait que je me retirasse.

Je passai mes jours dans un jardin, à l'embouchure du Necker dans le Rhin, tout entier à l'étude, et ne fréquentant que peu de monde. C'est pendant cette année qu'on représenta *Élise de Valberg* et *les Célibataires*.

Vers ce temps-là, quoique je n'eusse, comme à présent encore, aucune connaissance à Vienne, que je n'eusse fait aucune démarche, aucune proposition, je reçus par Trieste, et d'après l'ordre de l'empereur Léopold, l'invitation de composer une pièce de théâtre contre les révolutions violentes des états, et il me donna pour thème, l'événement qui, au milieu du siècle passé, rendit aux rois de Danemarck la souveraineté qu'ils avaient perdue. Une telle entreprise était contraire à mes sentimens. En représentant cette catastrophe, je ne pouvais attendre autre chose, sinon que de voir mon ouvrage mal compris, produisant un effet tout opposé à celui qu'on s'en promettait, et par cela même très dangereux. Je proposai donc de travailler du mieux qu'il me serait possible sur un sujet différent, que j'aurais choisi moi-même, et dans lequel je retracerais les mésintelligences existant entre les deux partis, et j'offrirais le portrait d'un prince tel que les princes devraient être, et tel que quelques princes sont en effet. En formant le dessein de peindre les maux que l'esprit de parti produit dans l'intérieur des familles, je pouvais me soulager des sensations pénibles que je venais moi-même d'éprouver, et que je craignais avec raison de voir s'accroître de plus en plus. Cette dernière raison me détermina plus que toutes les autres à me charger de la mission qu'on voulait me confier. Ma proposition fut agréée, c'est ce qui donna lieu à ma pièce qui a pour titre : *Les Cocardes*, et qui depuis a été si mal interprétée.

Nous fîmes à cette époque une promenade sur le Rhin, pendant laquelle, animés par la mémoire de Gustave-Adolphe, nous offrîmes, près de la colonne suédoise, une libation aux mânes généreuses de ce prince, et nous formâmes le désir que jamais, dans aucun cas, aucune nation étrangère ne vainquît les Allemands. Puis, pleins d'admiration pour l'esprit entreprenant de Gustave III, nous résolûmes de dédier *les Cocardes* à ce roi; nous

exécutâmes cette résolution avec la vivacité de gens qui suivent la première pensée
qui les frappe dans une disposition particulière.

Depuis l'apparition de cette pièce, qui fut
imprimée en septembre 1792, dans le temps
où venait de commencer la seconde période
de l'histoire générale, plusieurs personnes,
par suite d'une erreur à laquelle ces différentes
circonstances ont pu donner naissance, me
déclarèrent aristocrate enragé, et même dans
la plus défavorable acception de ce mot. Il
n'y a que le petit nombre de ceux qui me connaissent qui en furent aussi frappés que moi-
même.

Je souhaite qu'en racontant avec fidélité et
sans ornement de quelle manière la chose
s'est passée, les circonstances qui y ont donné
lieu, je sois parvenu à expliquer cette opinion.
Toutes mes comédies, tant antérieures que
postérieures à cette époque, peuvent, à ce que
je crois, m'absoudre du soupçon d'être trop
timide pour parler avec franchise en faveur
de l'humanité. Je me suis toujours efforcé,
autant qu'il était en moi, de plaider cette

noble cause, et je n'ai jamais travaillé en faveur d'aucune caste, soit qu'elle ait été répu-
tée la première ou la troisième. Mais saper
une constitution, c'est à quoi je n'ai jamais
voulu travailler.

Si ces circonstances me firent perdre beaucoup de la tranquillité que j'avais goûtée avant
cette époque, j'en sacrifiai encore davantage
lorsque, en 1792, la régie du théâtre électoral me fut confiée. M. Renschüb, qui jusqu'alors avait été chargé de ces fonctions,
demanda et obtint sa démission, pour aller
les remplir, avec de plus grands avantages,
dans sa ville natale, Francfort-sur-le-Mein.
Le théâtre perdit en lui un acteur distingué
dans les rôles posés et dans les raisonneurs.
M^me Renschüb jouait beaucoup de rôles de
mères avec sentiment et avec grâce. Plusieurs
essais dans le genre du haut comique, comme
par exemple le rôle de la première gouver-
nante dans *Élise de Valberg*, ont prouvé à
quel degré de perfection elle eût été capable
de parvenir. Dans tous les cas, c'était une
perte réelle pour ce théâtre, qu'elle abandonna beaucoup trop tôt.

Plusieurs circonstances, dont les détails seraient trop longs, m'imposèrent l'obligation
d'accepter cette place à cette époque critique.
Mon zèle me porta à lui sacrifier en grande
partie mon repos, le temps que je donnais à
l'étude, quelques autres avantages, et surtout
ma gaîté. Le plan suivant lequel je me pro-
posais de remplir cet emploi, consistait principalement à favoriser les intérêts des acteurs,
autant toutefois que cela ne serait pas évidem-
ment en contradiction avec mes devoirs, persuadé que c'était le moyen le plus infaillible
de travailler dans l'intérêt de l'ensemble, ce
que l'intendant avait particulièrement à cœur.
Le plan que je proposai à M. de Dalberg, et
qu'il agréa, se trouve encore dans les archives
du théâtre de Manheim. Je puis dire que je
l'ai suivi autant qu'il était en moi, et je puis
en appeler hardiment au témoignage des comédiens qui composaient la troupe. Je me suis
efforcé, en faisant des lois, de convaincre les
comédiens qu'il était de leur intérêt personnel
de les suivre. J'ai banni irrévocablement la
contrainte, la timidité, la morosité, la mor-
tification, qui résultent ordinairement de ce

que la bonne ou la mauvaise humeur est re-
marquée et reprise avec rudesse.

Quelques unes des lois sur divers théâtres
portent un caractère de pédanterie, d'escla-
vage, de minutie, qui convient mal aux
sentimens d'un artiste. Elles semblent faites
pour des ouvriers plutôt que pour des artistes.
Quoique peu d'acteurs soient dignes de ce
nom, un directeur gagnera toujours à les
traiter tous comme tels; car il pourra attendre
de la part des comédiens ce qu'il aura déjà eu
pour eux, c'est-à-dire de la politesse et des
égards. C'est la plus sûre manière d'y parvenir.

On doit éviter de mettre un frein au talent
de l'artiste, aussitôt qu'il prend son essor. Si
ce même génie, qui a eu aujourd'hui les momens les plus brillans, fait le lendemain quelques faux pas, il faut savoir les lui pardonner,
et ne pas prendre pour un crime capital l'in-
fraction momentanée des règlemens intérieurs ; un mouvement innocent d'humeur
qu'on oublie aujourd'hui, fait obtenir le lendemain le service qu'un ouvrier refuserait.
De plus, là où il n'y a point de monopole à
craindre dans l'exercice d'un art, là où l'on

ne met de bornes à aucun talent, il n'y a point
de nécessité absolue; et où il n'y a point de
nécesssité absolue, une bouderie puérile re-
tombe sur celui-là même qui la laisse voir.
D'après le plan que j'avais proposé, personne n'était indispensable. On pouvait se
passer de moi comme de tous les autres. Comment, sans cela, aurait-il été possible que le
théâtre de Manheim, après la mort de tant
d'artistes recommandables, et quelques pertes
difficiles à réparer, pût se conserver, sinon
dans la splendeur de sa période moyenne, du
moins dans un état plus brillant que celui auquel des pertes moins fréquentes ont réduit
plusieurs autres théâtres?

J'ai cherché à donner le goût de l'instruction, sans recourir au pédantisme; celui de
l'activité, en donnant moi-même l'exemple;
à montrer de la fermeté sans entêtement; à
appuyer mon autorité sur la franchise et la
confiance. Il ne m'appartient pas de décider
jusqu'à quel point j'y suis parvenu; mais il
est prouvé, par des actes authentiques, que
depuis 1792 jusqu'à 1796, une seule plainte a
été portée, et seulement pour une affaire d'ha-

billement, par suite de la vanité incorrigible
et des idées bornées d'une actrice. La manière
dont elle s'y prit pour faire dresser la plainte
contre moi, pourrait réfuter l'opinion de tous
ceux qui croyent qu'il est impossible d'inspirer
de l'amour quand on néglige volontairement le
soin de sa personne. Comme ce fut d'ailleurs
la seule occasion où j'aie été offensé à dessein,
et avec une préméditation hostile, j'ai bientôt
oublié cet accident, et je ne m'en suis jamais
vengé. D'autres plaintes ont été empêchées par
des moyens de conciliation, ou prévenues par
la voix de la persuasion. Sauf quelques articles inadmissibles sur l'ordre à observer pendant les repétitions et les représentations, je
suis parvenu à faire exécuter tous les autres
articles des lois existantes. J'en faisais amicalement l'application, et jamais aucun ne s'est
pourvu en cassation. Un esprit de corps bien
précieux pour l'honneur de toute la troupe,
s'est toujours, à ma connaissance, fait remarquer sur le théâtre de Manheim. Il pouvait
se ralentir, mais il était toujours ranimé sans
peine. Des membres qui ne vivaient pas dans
une intelligence parfaite, n'ont jamais refusé de

rendre la justice au talent de leurs camarades, lors même qu'il existait quelque rivalité entre eux. Quelqu'un se distinguait-il par la perfection de son jeu, même dans des passages admirés depuis long-temps, on voyait tous les acteurs qui n'étaient pas en scène, remplir les coulisses, pour être spectateurs de ses succès. L'amour de l'art et le talent de l'artiste faisaient oublier toutes les contestations. On admirait la vérité, et l'on rendait hommage à son ministre. Puissent les comédiens de Manheim conserver toujours cette disposition! On aura toujours un moyen sûr de conserver le feu sacré, de l'accroître et de le purifier.

Au mois de juillet 1792, on m'invita à venir jouer sur le théâtre national de Francfort-sur-le-Mein, pendant le couronnement de l'empereur François, et à composer une pièce de circonstance pour cette cérémonie. Cette pièce fut : *La Couronne de chêne*, en un acte. Je vis à Hocheim arriver Frédéric-Guillaume, roi de Prusse, au milieu d'une tempête affreuse dont le bruit rivalisait avec celui des canons de Mayence qui saluaient ce monarque. Cinq mois après, le sang de ses braves guerriers a vengé ces mêmes lieux, lorsqu'il remporta, à leur tête, la victoire sur les Français, et que, maître de lui-même, il demanda quartier au moment où, l'affaire étant déjà terminée, quelques Français tiraient encore sur lui, du haut d'un clocher.

Au mois de septembre, la canonnade de l'armée de Custine, qui attaquait Spire, nous fit sortir de la répétition de *Lilla*; cet opéra fut joué le même soir. Les caissons et les bagages des Allemands étaient devant la ville; et l'on ne pouvait plus douter de leur défaite. Les nouvelles différentes qui arrivaient à chaque instant, alarmèrent le public qui assistait au spectacle, et répandirent la consternation dans les esprits.

Mais, lorsque peu après la nouvelle inattendue de la reddition de Mayence, arriva un jour de spectacle, au moment où l'on allait commencer la pièce, toute l'assemblée demeura stupéfaite; le murmure sourd, et les yeux fixes et immobiles des spectateurs annoncèrent la désolation que causait la perte de cette forteresse allemande, et la douleur de voir l'honneur du nom allemand rabaissé. Alors

les Français reconnaissaient encore la neutralité du Palatinat; mais leur avant-garde était
tout près de la redoute du Rhin. Les plus vifs
préparatifs furent faits pour mettre le fort en
état de défense. Lorsqu'au commencement de
1793, l'armée impériale s'avança de l'autre
côté de la ville, et que le gouvernement, en
observant la neutralité la plus sévère, se mit,
pendant la nuit, en état d'éviter une surprise
de la part des Allemands, dans le cas où ils
voudraient se rendre maîtres du fort, ou de
résister le lendemain à une attaque inattendue des Français, une activité, une agitation
pleines d'intérêt se firent remarquer dans les
habitans.

A la fin de 1792, le jubilé du règne de
Charles-Théodore fut célébré à Manheim; on
le célébra aussi de l'autre côté du Rhin, au
milieu de l'armée de Custine. La petite pièce
que j'écrivis à ce sujet a pour titre : *La Con-
fraternité.* Les Palatins la reçurent avec enthousiasme, et l'on donna aussi dans tout le
pays des marques non équivoques de l'amour
qu'on avait pour l'auteur et pour la constitution.

Au printemps de 1793, nous vîmes non loin de Manheim, l'armée de Custine battre en retraite, les Prussiens s'avancer, et le corps d'armée du comte Wurmser passer le Rhin.

Dans les mois d'août et de septembre, le roi Fréderic-Guillaume II vint à Manheim faire une visite à l'électrice et à la famille des Deux-Ponts. Les représentations que le roi vit au théâtre national, sont : *L'Épreuve conjugale*, comédie; *L'Enlèvement du sérail*, opéra; *Le Génie*, prologue en un acte; et, après la prise de Mayence, *Otto l'Archer*, *das Räuschen* (la Pointe de vin), et l'opéra des *Prétendus*. Le *Mariage secret*, opéra, fut représenté deux fois. On donna aussi *Le Chevalier Roland*, opéra. Le roi témoigna combien il était satisfait de ces représentations, et eut la bonté d'exprimer les motifs de son contentement.

M. Boeck mourut à cette époque. Ce fut pour le théâtre une perte sensible, et dont il eut de la peine à se consoler. Le dernier rôle qu'il joua fut le comte de Clèves, dans *Otto l'Archer*. Le doyen de la ville, M. Spielberger, prononça à sa mort une oraison funèbre très touchante, qui fit autant d'honneur à son talent qu'à son cœur, et qui nous pénétra tous de reconnaissance.

Après la mort de Boeck, on engagea Koch et sa fille Betty, qui sortaient du nouveau théâtre de Mayence. M. Koch débuta par le rôle de Kuberdar, dans *les Indiens*, et eut le plus grand succès; sa fille, par celui de Marguerite, dans *les Célibataires*, et entraîna tous les suffrages par la vérité, la noble et touchante expression de son jeu.

A cette époque, les théâtres étaient très fréquentés, comme ils le sont surtout pendant la guerre; car la ville était remplie de monde, et les armées qui passaient et repassaient la rendaient très vivante. Des contrées les plus éloignées, des troupes se rendaient au siége de Mayence, d'autres en revenaient. Il se formait devant la porte du Rhin, et surtout vers le soir, des groupes de toute espèce qui demandaient des nouvelles à ceux qui arrivaient; et sur ce qu'on leur annonçait, ils s'épuisaient en conjectures, et en tiraient des prophéties. Le bruit du canon qui retentissait en dehors et en dedans de Mayence, de Landau et des lignes de Weissembourg, ajoutait encore à cette agitation.

Nous venions de nous remettre de la crainte que nous avait inspirée la prise des lignes de Weissembourg, et de la terreur dont nous avaient glacés les trois jours sanglans de Lautern, qui rendront immortelle la gloire du duc de Brunswick et la bravoure des armées alliées; lorsqu'en décembre l'armée impériale, fatiguée des combats continuels et sanglans auxquels l'intrépide Wurmser avait mené tous les jours ses braves et vaillans soldats, fut contrainte de se retirer, les Autrichiens au-delà du Rhin, l'armée prussienne jusque dans le voisinage d'Oppenheim. Des troupes françaises parurent devant Manheim, et une garnison impériale y entra. La peur et le chagrin d'un parti, l'espérance et le courage de l'autre, formaient un singulier contraste. La ville était bloquée d'un côté par les Français; les préparatifs de défense furent poursuivis avec vivacité.

Mon pavillon sur le Rhin fut menacé d'être démoli, lorsqu'on voulut construire un grand

ouvrage tout près de là. L'idée de la destruc-
tion d'une aussi jolie propriété toucha M. de
Jacadowsky, lieutenant impérial, à qui je n'ai
jamais parlé ni avant ni après cet événement.
Il s'opposa à cette démolition, qui lui paraissait inutile ; et comme d'ailleurs je promis de
mettre moi-même le feu à ma maison dans le
cas où on le demanderait, j'eus le bonheur de
la conserver. Grâces infinies soient rendues à
cet ami généreux qui, sans me connaître, m'a
témoigné tant de bienveillance ! Qu'un génie
bienfaisant protége un jour le toit sous lequel
il se reposera des fatigues de la vie !

Cependant l'impression que ce nouvel état
de choses fit sur Manheim, quelque sensible
qu'elle fût, était moins profonde que les dispositions du gouvernement n'étaient sérieuses
et solennelles. La musique et la danse furent
suspendues, le carnaval défendu, le théâtre
fermé, et la prière de quarante heures ordon-
née. L'armée prussienne, qui s'etait retirée
sans désordre, était encore sur la rive gauche
du Rhin, où elle devait passer l'hiver. L'armée nombreuse des Autrichiens avait pris ses
quartiers d'hiver dans la Bergstrasse. Les ha-

bitans de Manheim devaient craindre, avec raison, d'après ces tristes préparatifs, que les autorités n'eussent plus que le pressentiment des nouveaux malheurs qui pouvaient arriver. Je me sentis presque anéanti, lorsqu'un soir une lettre de M. de Dalberg m'annonça que, par ordre du ministère, le théâtre était fermé, et que je devais inviter chacun des acteurs à chercher un autre engagement. Une pareille décision me récompensait bien mal de tous mes sacrifices, rompait tous les liens de l'amitié, nous dispersait dans tous les coins du monde, et me bannissait de mon paradis terrestre. Je ne pus me remettre de ce coup terrible : il me fut impossible de dormir. Je me levais, je me recouchais, je me levais de nouveau, je parlais sans suite. Je lus et relus l'ordre ministériel, sans pouvoir trouver une liaison entre l'ordre du ministre, *le théâtre est fermé*, et celui que me donnait l'intendant d'annoncer à tous les acteurs qu'ils étaient congédiés. Je savais bien que l'obscurité et la confusion sont le propre du style des affaires, et que quelques hommes d'état se croient autorisés à y répandre une singularité systéma-

tique, et quelquefois avantageuse au gouvernement. Mais aussi je pensais que mon chef,
instruit des événemens et de leurs résultats,
pouvait mieux que moi juger de l'étendue et
de la signification du mot *fermé*. Son ordre,
*d'inviter les acteurs à chercher d'autres enga-*
*gemens*, nous fit voir clairement quelle était
notre situation, nous prouva aussi que l'intérêt qu'il portait au théâtre, dont il s'était tant
occupé, l'avait porté à faire toutes les démarches possibles pour que personne n'eût à souffrir des nouvelles dispositions, et nous fit comprendre, malgré l'équivoque que présentaient
ses paroles, qu'il n'était pas en son pouvoir de
s'y opposer. Quoi qu'il en soit, je résolus de
ne pas me conformer entièrement à l'ordre
qu'il me donnait de notifier les démissions.
Je représentai à M. de Dalberg ce qui suit :

1°. Que je m'en rapportais à la validité de
mon brevet, et de ceux qui avaient été déli-
vrés à d'autres, comme aussi à la validité des
contrats conclus avec les acteurs sous le sceau
électoral.

2°. Que *fermer* ne signifiait pas dissoudre
ou casser, mais suspendre. Que si le gouver-

nement croyait absolument nécessaire au bien commun de suspendre nos représentations, nous devions sans doute y consentir, pourvu toutefois qu'on nous payât les appointemens convenus.

3°. Que je ne pouvais publier l'ordre qui invitait chacun à s'engager où bon lui semblerait, sans disperser toute la troupe, et sans donner à maint sujet l'occasion qu'il désirait pour quitter Manheim; que par là, ce qu'on avait conservé avec peine depuis tant d'années, serait anéanti dans un moment.

4°. Que l'électeur, pendant la guerre de sept ans, à une époque où une partie plus considérable de ses possessions avait été occupée par l'ennemi, n'avait cessé de payer ni les appointemens ni les pensions; qu'une dissolution, comme celle qu'on annonçait, compromettait la parole et la signature du prince, et paraissait contraire à ses principes.

5°. Enfin, que je remettrais mon brevet à un jurisconsulte, pour qu'il le présentât au ministre d'état, M. le comte d'Oberndorf, et qu'il s'informât de sa validité dans cette situation critique.

Enfin, je priais M. de Dalberg de faire agir l'autorité de son emploi et de sa position pour défendre et servir nos droits, le théâtre national, l'ouvrage de ses efforts, de sa patience, et le monument de son goût.

M. de Dalberg me répondit qu'il ferait l'impossible pour maintenir tout ce qui existait. Cependant il m'offrit de me charger de l'entreprise avec le secours de la garde-robe et de la bibliothéque. Je refusai tout net cette proposition, en ajoutant : que si on pouvait conserver le théâtre, en le continuant sous la régie électorale, et jusqu'à des temps plus tranquilles, soit à Ratisbonne ou à Prague, soit dans tout autre endroit qu'on jugerait convenable, je consentirais sans difficulté à rester sous la direction d'un autre membre, et je proposai à cet effet M. Koch.

Le ministre répondit au jurisconsulte qui lui présenta mon brevet : « Que c'était à la vérité une affaire pointilleuse, et qu'il en avait averti les membres de la régence; que pour lui, il était de l'opinion qu'on devait s'en tenir aux termes des brevets. » Je passe sous silence tous les moyens, tous les plans que je pré-

sentai, tous les efforts que j'ai faits pour conserver le théâtre de Manheim, malgré toutes
les difficultés qui s'y opposaient. On en trou-
vera un compte plus détaillé dans les archives,
où se trouvent toutes les pièces justificatives
en original. Il est prouvé, je crois, que je
pouvais me regarder dès lors comme con-
gédié, mais je voulais rester à Manheim. La
crainte que la ville ne fût bombardée étant
devenue générale, je demandai qu'on permît
de faire préparer les caisses nécessaires pour
emballer la garde-robe, la bibliothéque et les
partitions. Cela fut accordé. Le théâtre entier
fut démonté, des accords furent conclus, et
tout était prêt à partir pour Nekar-Els.

J'ai lu par hasard la délibération de la régence sur la dissolution du théâtre, et le référé
du ministre qui a motivé l'ordre que ce dernier donna à notre chef, et que celui-ci me
transmit. La motion du gouvernement électoral portait : « Qu'on devait abolir tous les
*voluptuaria*, et par conséquent le spectacle,
afin d'exciter davantage les citoyens à la défense ; mais que l'on laisserait, dans d'autres
temps, aux acteurs la permission d'exercer

leur art. » Immédiatement après la proposition de fermer le théâtre, la motion portait : « Qu'il conviendrait aussi de restreindre la permission de faire du pain blanc, attendu la cherté du lait. » Six semaines après, le théâtre fut rouvert par un prologue, sans aucune autre explication tranquillisante sur cette mesure.

A cette époque, on donna la comédie intitulée : *Le Voyage à la ville*. Elle n'eut point de succès à Manheim.

A la mi-juillet 1794, après la campagne malheureuse dans les Pays-Bas autrichiens, on avait tout lieu de craindre les suites des événemens, en général et en particulier, de l'ouverture trop tardive de la campagne du Rhin, de la longue suspension d'armes qui avait lieu depuis l'occupation du poste de Kaiserslautern par le feld-maréchal de Möllendorf, dans la position de Spire à Edinghofen jusqu'à Lautern. Ces circonstances pouvaient laisser Manheim dans la même situation pendant toute la durée de l'hiver, et peut-être même rendre sa position encore plus fâcheuse. Dans le cours de ce mois, avant la prise du poste de la chapelle Sainte-Anne, au pied des montagnes ultra-Rhénanes, et avant la retraite des armées qui en fut la suite, je remis à l'intendance électorale des propositions sur ce qu'il convenait de faire dans la supposition la plus triste, pour conserver le théâtre. Je conçois qu'on ne pouvait pas y répondre définitivement, et je fus très content de la promesse que notre respectable chef nous donna, de ne pas refuser son intercession à ce sujet.

Beil mourut peu de jours après, des suites de la dysenterie, lorsqu'il était déjà en convalescence. Je reçus cette triste nouvelle dans mon jardin, au moment où je venais de parler de sa guérison. Accablé de douleur, et comme hors de moi-même, je me rendis à la ville. J'avais vu M. de Dalberg recevoir la nouvelle de l'incendie du château de ses pères, et la supporter avec résignation ; mais, à cette nouvelle, il pleura à chaudes larmes. Sur-le-champ, lui, son épouse et plusieurs personnes bienfaisantes prirent des mesures en faveur de sa veuve qui restait absolument sans fortune.

Tout le monde apprécia la perte cruelle que le théâtre allemand avait faite en lui. On ne cherche point à le remplacer; on sentait trop vivement que cela était impossible. Comme il avait été frappé d'une attaque d'apoplexie, on le garda cinq jours avant de l'enterrer. On n'avait pas encore perdu tout espoir; on croyait entendre encore sa respiration; mais il ne revint plus. Que de souvenirs déchirèrent mon cœur, lorsque sa dépouille mortelle fut descendue dans la tombe! Deux des trois amis qui avaient formé une si douce alliance dans les beaux temps de leur jeunesse, revinrent tristes et désolés des funérailles du troisième.

Muets, fondant en larmes, accablés de pressentimens funestes, nous quittâmes, Beck et moi, ces lieux si affreux et si tranquilles, pour retourner au milieu du bruit triste et assourdissant de la ville.

J'avais déjà été obligé de me charger de quelques rôles de Boeck; et, dans cette circonstance, plusieurs de ceux que jouait Beil me tombèrent en partage. Depuis long-temps, au lieu de trois représentations par semaine, on en donnait quatre. Ma besogne était donc considérablement augmentée.

Peu de temps après, l'électrice Elisabeth-

Auguste mourut également de la dysenterie,
à Weinheim en Bergstrasse, où elle s'était
retirée par suite des troubles de la guerre. Je
lui avais parlé dans ce lieu dix jours auparavant, et elle s'était informée avec empressement de l'état actuel de la scène allemande.

A cette époque, un rescrit de la cour donna
ordre à la caisse générale de ne plus faire de
payement au théâtre. Cet ordre, rendu nécessaire par les frais énormes qu'avait occasion-
nés la guerre, nous surprenait d'autant moins
que beaucoup d'employés, au-delà du Rhin,
ne recevaient qu'une partie de leurs appointemens. Mais cette même circonstance, jointe
aux inquiétudes que l'avenir inspirait à tant
de personnes, rendait notre position plus pénible. Les membres de la troupe me priaient
souvent avec instance de leur dire ce qu'on
avait décidé, relativement au théâtre. Les
craintes qu'ils me témoignaient sur l'avenir,
sur les dangers qui menaçaient la ville, sur
la cherté exorbitante de tous les vivres, le
mécontentement que leur causait un engagement que beaucoup d'entre eux auraient voulu
rompre, les travaux multipliés que j'étais

obligé de leur demander, l'impossibilité de leur révéler toute la vérité, et la répugnance que j'éprouvais à mentir, les importunités dont on m'accablait, soit par prévoyance, soit plus souvent encore par suite d'une nécessité absolue, afin d'obtenir, par mon intercession, quelque secours d'une caisse qui, n'étant pas trop bien remplie, devait être ménagée, d'autant plus qu'elle était notre ressource la plus sûre, dans un cas désespéré ; toutes ces circonstances réunies me rendirent la vie tellement à charge, que souvent je me sentais dans une mortelle angoisse, lorsque je devais quitter mon jardin pour me rendre à la ville. Car c'était là seulement que je parvenais quelquefois à oublier mes peines.

Cette époque fut celle où mon talent dramatique fut le plus imparfait, parce que je n'étais presque jamais en état de jouer mes rôles avec ingénuité. Pouvait-il en être autrement ? On voyait sans cesse les bonnes nouvelles succéder à la crainte, et les nouvelles fâcheuses à l'espoir. On cherchait à faire adopter les idées d'innovation, même par ceux qui s'étaient fait une loi de ne vouloir rien en-

tendre. Les choses en vinrent au point que le
silence, sur l'heureuse ou malheureuse issue
des affaires, était interprété défavorablement.
On devenait par là en butte aux soupçons d'un
parti, et à l'exécration de l'autre. Il fallait absolument faire connaître son opinion. Souvent
on me poursuivit à cet effet, jusque derrière
les coulisses. L'aspect même du public, dans
la salle, était une gazette. Il y eut un intervalle où un vif mouvement dans les loges
prouvait qu'on avait reçu de mauvaises nouvelles des armées. Vers la fin d'octobre, les
affaires étaient arrivées au point que la moindre évolution que celles-ci feraient en arrière,
devait décider de la triste position de Manheim. C'est ce qui arriva en effet. Un matin,
Manheim se vit environné par les Français,
du côté du Rhin. Bientôt leur première et
même leur seconde tranchée furent ouvertes,
et leurs batteries dressées. Des gens qui se
connaissent à ces sortes de matières, disaient
que c'étaient des préparatifs de défense; mais
cependant je cherchai à mettre une partie de
ma fortune en sûreté, et, sur la fin de novembre, je louai une chambre dans une

partie reculée de la ville, où l'on pouvait se croire à l'abri des bombes. Ensuite je remis à M. l'intendant un projet relatif à la conservation de la salle de spectacle, et aux mesures de prévoyance à prendre dans le cas où, soit les bombes, soit les obus, viendraient à y mettre le feu. Ce projet fut approuvé. On désigna ceux qui seraient chargés de l'exécuter, et l'on s'occupa de tous les moyens qui pourraient faciliter le sauvetage. La garde-robe et la partie la moins nécessaire de la bibliothéque et des partitions furent emballées, et la première fut transportée dans la partie la plus reculée de la ville, entre la porte de Heidelberg et celle du Nekre. Les décorations furent mises dans une cave à l'épreuve des bombes, qui se trouve au dessous du théâtre.

Cependant on donna encore pendant six semaines de suite toutes les pièces qui se trouvaient sur le répertoire. On peut facilement s'imaginer la peine et l'embarras que causait l'obligation de retirer de tant de lieux tout ce qui était nécessaire aux différentes représentations. Enfin, on ne douta plus que les Français n'eussent l'intention de prendre, à quelque prix que ce fût, la redoute du Rhin, ainsi que les flèches qu'on y avait placées. Depuis quelques semaines on se canonnait de part et d'autre sans succès : lorsque la veille de Noël, les Français voyant que le Rhin chariait si fort qu'il était absolument impossible à la citadelle d'envoyer du secours dans les retranchemens, sommèrent la redoute et la ville de se rendre.

Depuis midi on était en négociation pour arrêter les articles de la capitulation, par suite de laquelle la redoute du Rhin et les flèches devaient être rendues à l'ennemi, à six heures du soir. Au moment où l'on allait donner *les Jaloux* et *les deux Billets*, j'appris au théâtre que plusieurs personnes venaient de quitter la ville, parce qu'on n'était pas tombé d'accord sur les clauses de la capitulation.

Toutes les machines et toutes les pompes à incendie furent mises en mouvement; à onze heures et demie, le bombardement commença. Nous nous rendîmes à la hâte sur le rempart, et au pavillon du château. Des boulets de canon vinrent battre la muraille; des obus et des bombes tombèrent aux environs de la salle de spectacle, parce que les Français avaient dirigé principalement leurs batteries sur le palais du comte Palatin, qui n'en est pas beaucoup éloigné.

Un homme fut écrasé non loin de moi. Une bombe tomba dans la cour de mon voisin, lorsque j'étais encore chez moi. Au milieu de ce danger, on traîna encore les restes de la bibliothéque du théâtre dans les caves; puis, je me rendis au logement que j'avais loué pour ma sûreté. Au point du jour, les obus y tombèrent aussi : les caissons avaient été transportés dans cet endroit. Ce séjour était donc moins sûr que le précédent. Des comédiens vinrent encore m'y trouver, en quittant le pays, pour m'apporter des contre-lettres, me demander des mandats de paiement et m'assaillir de plaintes, de demandes et de questions.

A midi, au moment où l'on était sur le point de quitter la ville, on vint me demander les chambres du couvent des frères de la Charité, où était conservée la garde-robe du théâtre, pour y placer les blessés, et je fus forcé de déménager tout ce que nous y avions

déposé. Je cherchai une place à la Monnaie;
je la trouvai avec peine, mais je n'avais personne pour effectuer le transport. Pendant
qu'occupé de cette affaire, je passais et repas-
sais, un boulet de canon roula de la rive
gauche du Rhin, le long de la palissade, vers
le rempart de la porte de Heidelberg. La
garde‑magasin, M^{me} Meyer, déménagea la
garde-robe avec un courage exemplaire, tandis que de mon côté je prenais d'autres mesures. A quatre heures de l'après-midi, je
quittai la ville, et à cinq heures le bombardement cessa. La redoute du Rhin fut rendue,
et cinq jours après recommencèrent nos représentations.

Quelques obus étaient tombées sur le théâtre, mais ils n'avaient pas pris feu.

Je crois devoir dire ici que dans le mois de
septembre de cette année, je reçus du camp
de Varsovie, la proposition qu'on m'avait
déjà faite, de me charger du théâtre royal
et national de Berlin. Me fiant peu à mon
brevet, que le cas possible de la clôture du
théâtre rendait presque nul, dégagé d'ailleurs par la mort de l'Électrice, de la parole

que j'avais donnée, j'allai aussitôt que j'eus reçu ces lettres faire à M. de Dalberg les représentations les plus énergiques sur ma situation présente. Je l'interpellai de décider lui-même ce que je devais faire pour assurer, dans les circonstances présentes, ma fortune et le repos de ma vieillesse.

Il me répondit avec bienveillance, qu'il connaissait toutes les pertes que j'avais supportées depuis la guerre. Il m'offrit, pour m'en dédommager, de m'abandonner la partie encore non remboursée de l'avance qu'il m'avait faite sur sa propre caisse; il me garantit même ma pension dans le cas où, contre son attente, je viendrais à la perdre.

Attendri, pénétré de reconnaissance, tout dévoué à cet homme généreux, je résolus de persévérer jusqu'à la fin, quoi qu'il pût en arriver. J'écrivis sur-le-champ à Berlin, et toute négociation fut rompue. Quelques semaines après, j'adressai une lettre à M. de Dalberg pour lui exprimer combien j'étais touché de sa bonté et de ses offres; il crut devoir me répondre qu'il avait donné très volontiers sa parole, et que je pouvais y

compter. Il ajouta cependant, qu'il était possible que sa propre situation devînt pénible,
surtout s'il perdait ses biens de l'autre côté
du Rhin ; qu'alors il serait obligé de subvenir
aux besoins de toute sa famille, qu'il pourrait
même en résulter pour lui différentes charges
qui pourraient lui rendre très embarrassante la
promesse qu'il m'avait donnée. Quelque juste
que fût la crainte de cet excellent père de
famille, et quelque estimable que fût la franchise de cet homme désintéressé, une telle
déclaration fut pour moi un coup de foudre.

Si je voulais n'écouter que mes sentimens,
il était de mon devoir, après cette explication,
de renoncer spontanément à cette promesse.
Alors je retombais dans le même état d'incertitude où je m'étais trouvé précédemment ;
ou bien il fallait, si les affaires prenaient une
tournure fâcheuse, que je m'appuyasse sur
ses généreuses promesses pour devenir importun ; ce qui n'a jamais été dans mon caractère. Cependant ma position, quelque triste
qu'elle fût devenue, m'attachait tellement à
M. de Dalberg, qu'oubliant toutes les difficultés qui se présentaient, plein de confiance

dans la fortune, et soutenu par la conscience
de ma conduite, je poursuivis ma carrière
sans m'inquiéter des résultats. Nouvel apôtre,
j'exhortais ardemment tout le monde au repos, à la patience, à la persévérance, à la
fidélité, à l'espérance. Mais comme, à différe-
rentes reprises, plusieurs artistes me pressèrent sérieusement de faire une démarche décisive dans l'intérêt de toute la troupe, je
rédigeai en son nom une représentation à
l'électeur, et je priai M. de Dalberg de l'ex-
pédier à Munich. J'eus la joie de recevoir une
réponse qui portait : « Que son altesse tien-
drait tous les engagemens, en cas de bombardement; mais qu'elle comptait sur la même
conduite de la part des acteurs. » Cette déclaration satisfit tout le monde, donna une
nouvelle vie au théâtre, et nous anima du
plus noble zèle. Nous nous flattions d'une
prompte paix, du maintien de la neutralité,
enfin, de tout ce qui aurait pu nous rendre à
la tranquillité. Il n'y avait personne de nous
qui n'eût consenti de bon cœur à supporter
toutes les pertes imaginables. J'étais alors si
persuadé de ne jamais quitter Manheim, et

j'en avais tellement le désir, que je recherchai, à cette époque, la main de ma femme; ses connaissances, sa famille, sa patrie peu éloignée de Manheim, tout lui faisait aimer cette contrée, tout lui faisait sonhaiter de n'être jamais obligée de la quitter. La joie et le bonheur que me causait l'espérance d'unir mon sort au sien, augmentaient encore à mes yeux les charmes de ce beau pays. Souvent je me promenais dans mon jardin, plein d'une agréable émotion, et je rêvais à l'avenir, aux doux momens que je passerais avec cette belle âme. Après cette explication, le calme et la paix rentrèrent dans mon cœur, et je recommençai à travailler. Le public applaudit mon drame qui a pour titre : *Dienstpflicht* (le Devoir).

La veuve de Beil n'ayant d'autre fortune qu'un fils qui ne donnait encore que des espérances, la pensée me vint de faire valoir, à son profit, ses talens et sa figure avantageuse. Je composai une petite pièce intitulée : *Les Réfugiés*, dans laquelle elle débuta. Le public se montra généreux envers la veuve de son favori, et M. de Dalberg rendit hommage à la mémoire de l'homme qui avait été l'un des meilleurs artistes allemands, et qui avait rendu des services longs et désintéressés, en assurant à sa vertueuse compagne un établissement honorable. Sans examiner si son talent pouvàit être de quelque utilité au théâtre, il a érigé à Beil le monument le plus digne de lui. Il a pris soin de sa famille. Il en prend encore soin, et ne l'abandonnera jamais. Que le souvenir de cette belle action soutienne son courage dans les derniers momens de sa vie! car c'est vraiment une belle action.

Je puis d'ailleurs assurer que M^me Beil a du talent. Il est vrai que sa sensibilité interrompt souvent son jeu ; qu'elle a encore à lutter contre les difficultés qui se présentent à l'entrée de cette carrière ; que, pour hâter ses progrès, elle a besoin de soins et de conseils ; mais qui les lui refusera? personne. C'est ce que je crois pouvoir assurer.

Dans le cours de cette année, je reçus de Vienne, par l'entremise du baron de Braun, la proposition de rédiger un journal dramatique pour le théâtre impérial. On me promettait des appointemens considérables, et

même une pension qui serait calculée de manière qu'on regarderait mes années de service
de Manheim comme si je les avais passées
dans l'emploi en question. Je répondis que
j'étais bien reconnaissant de ces offres, mais
que mon attachement pour M. de Dalberg
ne me permettait pas d'en profiter. C'est ce
que je répétai à M. de Braun lorsqu'il vint à
Manheim.

L'été de 1795 se passa assez tranquille-
ment. Les troupes occupèrent différentes positions sans montrer l'intention de rien entreprendre. Cet instant de calme nous fit croire
que la paix serait bientôt conclue, lorsque
tout à coup l'armée française passa le Rhin
à Dusseldorf; et Manheim, tranquillisé par
un article de la capitulation, portant que
cette ville n'avait rien à craindre du'bombardement tant que la guerre se ferait sur la rive
gauche du Rhin, fut menacé de nouveau, et
en proie aux plus vives inquiétudes. Tout le
monde empaquetait ses effets, et prenait la
fuite; car les préparatifs de défense augmentaient encore les craintes.

Je proposai de payer au théâtre le mois

courant et deux mois d'avance, de permettre à chacun de partir, afin de pourvoir à sa sûreté, et de ne pas s'exposer aux dangers d'un second siége. Ce projet fut approuvé et exécuté.

L'intendance ayant montré de la confiance et de l'exactitude à l'égard des comédiens, il régna un certain ordre au milieu de tout ce tumulte. Chacun se sépara de l'autre avec la persuasion de se revoir bientôt, et nous convînmes tous que dans la supposition même où plusieurs d'entre nous pourraient trouver une condition plus avantageuse et plus tranquille, il était juste de ne pas nous laisser séduire; mais de supporter, autant qu'il dépendait de nous, notre part du fardeau commun, et de témoigner notre reconnaissance au gouvernement, qui n'oubliait pas, dans les momens difficiles, ceux qui avaient contribué à ses plaisirs dans des temps plus heureux. Tout le théâtre fut démonté pour la seconde fois; tous les effets furent emballés et mis dans des caves à l'épreuve des bombes.

Plusieurs ne se rendirent qu'à des villages peu éloignés. Pour moi, je me retirai à Hei-

delberg. Il y avait trois jours que j'y étais,
lorsqu'on vint m'éveiller pendant la nuit.
Manheim est rendu aux Français, me cria-
t-on; les troupes impériales et la garnison palatine évacuent cette ville; on entend la canonnade du côté de Manheim; c'est là que les
Français passeront le Rhin, et dans quelques
heures ils seront ici. Je me rendis à Neker-
Els, huit lieues plus loin. J'y appris que le
comte d'Oberndorf avait rendu Manheim aux
Français, pour empêcher que cette ville ne
fût réduite en un monceau de cendres, attendu que l'armée de Clairfait battait en retraite, et que celle de Wurmser était trop éloignée pour venir la défendre. En supposant
même que les Français n'eussent pas pu sou-
tenir plus long-temps le feu de la forteresse,
ils auraient remporté cet avantage en un jour,
au moyen d'une batterie placée dans une ca-
semate dans la redoute du Rhin. Mais bientôt
tous les corps détachés de l'armée impériale
s'avancèrent du côté de Manheim, celle-ci
même les suivit. Les Français furent battus
à Heidelberg; Manheim fut cerné par les impériaux en deçà du Rhin; et personne de

nous ne put retourner dans cette ville. A cette époque, je reçus la proposition flatteuse d'aller donner à Weimar quelques représentations à bénéfice; mais, fidèle à la promesse que j'avais faite, je m'excusai de ne pouvoir pas accepter cette offre.

Quel que dût être le sort de Manheim, je voulais pouvoir y rentrer dès que les portes seraient ouvertes. D'ailleurs, indépendamment de mon attachement à mes devoirs, je ne voulais pas m'exposer à perdre aucun de mes droits en allant faire à l'étranger un voyage auquel les progrès de l'armée ennemie ne m'avaient pas contraint. Clairfait battit les Français à Mayence; Manheim, qui déjà était canonné en deçà du Rhin par l'armée du comte Wurmser, fut cerné de tous les côtés par l'armée impériale, et le bombardement commença.

Ah! je n'oublierai jamais ce qui s'est passé en novembre; je crois que c'était le 14. J'étais dans le camp devant Manheim, à la batterie numéro 1, lorsqu'on donna l'ordre de bombarder sérieusement Manheim.

Le cœur me battit..., ma poitrine se res-

serra..., mes genoux tremblèrent. Mes amis
étaient dans la ville. La belle ville! elle était
si bien située! si agréablement éclairée par le
soleil! Tout à coup la terre fut ébranlée par
le bruit foudroyant des batteries, et de toutes
les bouches à feu de la forteresse; on voyait
descendre dans la plaine des torrens de flammes et d'énormes nuages de fumée. Mes larmes
tombaient sans cesse sur le parquet de la redoute. Je ne pus y rester plus long-temps. Je re-
courus à Heidelberg, et je ne suis pas revenu au
camp avant que la capitulation n'ait été signée.

Mais de retour à Heidelberg, quelles tristes
journées j'ai passées! lorsqu'à la table d'hôte,
l'un des convives annonçait que telle rue était
en feu, que telle autre serait bientôt dévorée
par les flammes, et qu'on pouvait entendre
de la tranchée les gémissemens des malheureux habitans de Manheim! quelles soirées
lorsque, dans l'obscurité, les montagnes res-
plendissaient de la clarté éblouissante produite
par l'incendie!

Le cœur brisé, je parcourais nuit et jour
les montagnes, et au milieu des orages et de
la pluie, je contemplais ce déplorable spec-

tacle. Ah! que le ciel me préserve désormais des tourmens affreux auxquels je fus en proie à cette époque!

Dans les premiers temps du siége, j'ai bien souvent, près de la porte dite *Klingenthor*, jeté mes regards sur la longue toiture du théâtre, et je me réjouissais de la voir intacte. Mais à la fin elle me devint indifférente aussi-bien que mon existence et celle de tous mes autres camarades. Les malheurs de toute la ville, mes amis..., voilà ce qui occupait uni-quement mon âme. Un jour enfin la canon-nade cessa vers six heures du soir. L'espé-rance souvent déçue, de voir finir tant de maux, s'empara de tous les cœurs.

Nous restâmes jusqu'à dix heures sans nou-velles. Plein d'une impatiente curiosité, je sors, malgré l'obscurité, avec quelques per-sonnes, et me rends au pont de Heidelberg. Là, nous attendons des nouvelles consolantes. Plusieurs cavaliers arrivent dans la ville; mais l'allure de leurs chevaux n'était pas celle d'un coursier fougueux qui porte un messager de paix. C'était l'allure des chevaux que montent les hommes occupés de leurs propres affaires.

Nous étions sur le point de nous en retourner, quand tout à coup nous entrevoyons quelque chose de loin. Nous écoutons, nous espérons..., nous frémissons, nous n'osons pas faire de questions...; c'était un paysan à pied, qui traînait lentement derrière lui son cheval fatigué. « Où allez-vous ? — A la poste. — Qu'y faire ? — Y remettre une dépêche. — Pourquoi ? — Manheim est pris ! » Un cri unanime se fait entendre, nous nous embrassons, et le paysan est récompensé.

Des larmes de joie inondent nos visages.... Nous allons donc revoir nos connaissances !... Toute la ville est en mouvement. Personne ne dort. A la pointe du jour tout le monde se rend au camp. Tout y est dans le désordre et dans l'agitation de la joie. Tous les tambours battent à la fois; l'armée victorieuse est prête; la marche commence, les drapeaux allemands flottent vers la forteresse, l'armée s'avance lentement et avec fierté vers la ville, au son de la musique guerrière.

Je la devançai en franchissant les fossés, les tranchées, les marais, et j'arrivai près de la porte. Elle est encore fermée, les Alle-

mands s'arrêtent. On échange les pouvoirs.
Le comte Wurmser a ordonné qu'aucun employé civil n'entrerait ce jour-là. Il n'a excepté
que l'ingénieur et trois autres personnes qui
doivent aller prendre possession de l'artillerie.
La porte de fer est entr'ouverte, il n'y eut que
le cheval de l'ingénieur qui put passer. Je le
suivais de très près. Je regardai cet officier
d'un air suppliant et attendri. Ah! tous mes
sentimens étaient peints sur mon visage. Il
jeta les yeux sur moi d'un air plein d'humanité, je lui réitérai ma prière par un regard
plus expressif encore, car je n'osais parler.
Dans le même moment il entra, la grille allait
être fermée..., il se retourna une seconde fois
de mon côté, et cria au Français d'un ton
brusque : « C'est mon valet de chambre, il
doit entrer. » La grille est entr'ouverte de
nouveau ; ceux des habitans qui se trouvaient
là me suivent avec anxiété, je me glisse, au
péril de ma vie, entre les deux battans, et la
porte se referme derrière moi.

Je passai sur les ponts brisés, et j'arrivai
dans la ville, où régnait le silence de la mort,
et dont les habitans étaient encore dans les

caves. A travers les décombres, la fumée, les monceaux de pierres, les hommes écrasés et les membres dispersés, j'arrive, hors d'haleine et le cœur serré, chez mon ami Beck.

Il vivait encore! il m'embrasse...; son épouse, ses enfans poussent des cris d'allégresse; les douceurs de l'amitié effacent le souvenir de leurs longues souffrances. Nous ne pouvons proférer une seule parole; nous pleurons, nous nous embrassons. Cependant les citoyens sortent de leurs caves, ils me tendent la main avec affection. M. de Dalberg pleure... pleure d'attendrissement, me serre dans ses bras; partout cette joie muette se manifeste et ne peut s'épuiser.

Ah! quel jour! les malheureux! qu'ils ont souffert! La famille Beck et Müller était dans une cave au-dessous du château, tout près de la salle d'Opéra. Elle était embrasée avant qu'ils n'en fussent informés. A cette nouvelle, ils prennent la fuite, et traversant la cour du château sous une grêle de boulets, ils se sauvent dans une autre cave, s'aperçoivent qu'il manque un enfant, le retrouvent, perdent la plus grande partie de leurs biens et....

mais je n'entreprendrai pas de peindre ces scènes de désolation.

M. de Dalberg avait passé tout le temps du siége dans la cave du théâtre ; sa fermeté, sa présence d'esprit et son courage ne l'abandonnèrent pas un seul instant. Dans ce triste asile il maintint l'ordre, conserva la santé, et soutint l'espérance de ses compagnons d'infortune. Je le trouvai maigri. Après quelques instans de repos, il me dit : « Nous ne pouvons plus parler de notre théâtre, et nous avons moins encore à en espérer. »

J'étais si satisfait de le voir conservé, que je n'avais encore pensé que bien légèrement à ce qu'il venait de me dire.

Je lui répondis courageusement, « Qui sait? —La plus grande partie de nos décorations ont été brûlées dans la salle d'Opéra. » Je me rappelai que plusieurs décorations de l'ancien grand Opéra avaient été mises en sûreté à Schwetzingen, et que nous pourrions nous en servir. Je le lui annonçai, et j'ajoutai que j'avais beaucoup d'espoir. « Ah! vous espérez toujours, » me dit-il en riant. Comme il me l'a répété plusieurs fois dans ses lettres, je me plais à faire mention de ce témoignage.

Le lendemain, je lui fis observer que le quartier-général de l'armée viendrait à Manheim, et que probablement celle-ci demanderait bientôt la comédie. Il me répondit qu'il lui semblait qu'après toutes les pertes essuyées par les habitans, ce serait manquer à la délicatesse et à tout sentiment des convenances, que de penser aussitôt à jouer la comédie. Le théâtre avait peu souffert. La plupart des bombardiers impériaux sont amateurs passionnés de la comédie, et je crois, parce que quelques uns d'entre eux me l'ont dit, qu'ils avaient pour cette raison ménagé à dessein cet édifice pendant le siége.

Mais si Manheim doit un monument de sa reconnaissance à quelqu'un, c'est au respectable Wurmser, à ce brave et généreux vieillard. Combien ne fut-il pas irrité, lorsque le feu prit pour la première fois à Manheim! Combien de temps n'a-t-il pas ménagé cette ville!

Un général, qui était de l'autre côté du Rhin, lui ayant fait dire qu'il devrait bien faire bombarder le château avec force, parce que les bourgeois étaient dans les caves de cet édifice et que leur désespoir pourrait hâter la reddition de la place, Wurmser lui fit cette belle réponse : « qu'il faisait la guerre aux Français, et non aux bourgeois de Manheim. » Combien n'a-t-il pas adouci les maux qui devaient peser sur Manheim après le siége ! Honneur au courageux défenseur de Mantoue, au généreux conquérant de Manheim ! que son âme noble et magnanime repose en paix.

Peu de jours après la prise de Manheim, M. de Dalberg me fit appeler. Il m'annonça qu'un courrier de la part de l'électeur, lui apportait l'ordre de se rendre à Munich, et il me chargea de diriger le théâtre pendant son absence. Plein d'anxiété, je jetai un coup d'œil rapide sur la position et les ressources du pays depuis la conquête. Je lui demandai ses pleins pouvoirs et ses instructions. « Je ne puis pas vous en donner, me répondit-il ; agissez comme bon vous semblera selon votre conscience. Adieu. Je partirai cette nuit. »

La situation où je restai était tout-à-fait nouvelle et très inquiétante pour moi. Les généraux impériaux, mécontens de ce que

Manheim s'était rendu aux Français, acca-
blaient le pays de réquisitions. Personne ne
savait où il en était, la cour de Vienne paraissait vouloir ignorer la conduite de ses généraux commandans. Jamais ceux-ci, lorsqu'on leur adressait des représentations, ne
déclarèrent s'ils agissaient d'après les ordres
de l'empereur, ou si c'était seulement l'effet
d'une mesure militaire momentanée. Ce triste
état de choses se prolongea long-temps dans
une pareille indécision.

On frappa sur Manheim une énorme contribution. Toutes les caisses électorales furent
saisies. L'épouvante et l'angoisse s'emparèrent
de tous les habitans. C'est dans cette circonstance critique que l'ouverture du théâtre devait avoir lieu. L'armée la demanda, et quoique vingt-cinq décorations eussent été brûlées,
que la plupart des acteurs et des actrices fussent
tombés malades des suites du long séjour
qu'ils avaient fait dans les caves, et que la famille Koch fût alors à Hambourg, le théâtre
fut cependant ouvert six jours après la prise
de la ville.

L'armée impériale paraissait attendre de

moi une pièce de circonstance, en l'honneur de son chef victorieux; mais j'aurais cru insulter à la misère publique, et je me dispensai de répondre à ce souhait.

Privé depuis dix-huit mois des secours du gouvernement, ayant déjà fait un emprunt considérable, le théâtre, dans un moment où chacun voyant son existence menacée, n'avait à attendre qu'une faible recette de la part des citoyens, et pouvait seulement compter sur les sommes considérables que l'armée et le quartier-général apporteraient dans sa caisse, je ne puis exprimer l'effroi dont je fus saisi, lorsqu'on me déclara, de la part du général commandant, que comme la garnison impériale prenait la place de la garnison palatine, elle réclamait un abonnement à aussi bas prix que l'abonnement dont jouissait celle-ci, et qu'elle insistait sur ce point. En même temps on demanda une loge *gratis* pour le général, et une autre pour l'état-major.

Vainement je représentai que l'abonnement de la garnison palatine avait été possible et admissible, parce qu'on pouvait le considérer comme un revenu fixe pour toute l'année;

que cela ne pourrait pas avoir lieu avec la
garnison autrichienne, qui serait changée au
commencement de la campagne; que ce qui
rendait la chose plus impraticable encore,
c'était le nombre des officiers qui venaient
du dehors, qu'on distinguerait difficilement
des autres, et qui interpréteraient mal les
questions qui leur seraient faites à ce sujet;
que l'électeur payait sa loge dix-huit mille
florins par an, et que le duc et l'intendant
payaient aussi les leurs. Toutes mes représentations n'eurent d'autre résultat que de faire
payer la loge destinée à l'état-major. Quoique
le corps d'officiers de l'armée impériale ait
montré, au théâtre de Manheim, en général
un intérêt et une bienveillance dont je me souviendrai toujours avec reconnaissance, cette
prétention, que la plupart ont soutenue avec
zèle, quelques uns même avec acharnement,
et que j'ai long-temps repoussée avec courage,
m'a attiré de grands désagrémens de la part
de ceux qui étaient chargés de la négociation. Le militaire considérait cet abonnement comme un droit de la garnison, et fut
fâché de ce qu'on voulait accorder moins à

la garnison impériale qu'à la garnison palatine.

Enfin, je consentis avec peine à ce que le
militaire ne payàt que la moitié du prix du parterre. Une partie du théâtre était occupée par
quelques compagnies d'artillerie qu'on y avait
logées. Il aurait été convenable que les dis-
putes, les querelles fréquentes, les malentendus, les embarras et les différentes affaires
auxquelles ces logemens donnaient lieu, eussent été traités à la chambre aulique électorale; mais, comme celle-ci n'était plus, comme
autrefois, jalouse de ses droits exclusifs, tout
était abandonné à ma décision. L'équité et
la complaisance du commandant de la forteresse, M. le général de Baader, m'applanit
plus d'une difficulté.

Je ne me souviens pas d'avoir été jamais
plus surchargé d'affaires qu'à cette époque.
Tantôt j'assistais aux répétitions; tantôt j'étais
appelé pour quelque demande du militaire;
tantôt je devais me rendre chez moi pour
prendre des mesures relatives aux soldats que
j'avais à loger; tantôt à mon jardin, où l'on
voulut un jour établir un cimetière du laza-

ret général, presque sous mes fenêtres ; tantôt enfin, je devais me charger du rôle des autres. A peine étais-je en mesure pour quelques jours, que des maladies venaient entraver tous mes plans. Ces maladies, et le mécontentement contagieux de tous les acteurs, abreuvaient ma vie d'amertume. Sur ces entrefaites, M. de Dalberg m'écrivit de Munich que tout espoir était perdu pour le théâtre, et qu'il n'y avait pas d'idée qu'il pût subsister plus long-temps. Nous avions, moi et mes collègues, trop fait et trop souffert pour ce théâtre, pour l'abandonner sur-le-champ, découragés par cette défavorable apparence. Loin d'être abattu par cette crainte, je sentis au contraire redoubler ma persévérance. Je résolus de faire l'impossible pour la conservation du théâtre de Manheim. Dans cette disposition, j'écrivis à M. de Dalberg qu'il ne fallait pas abandonner trop tôt tout espoir. Il me le promit, mais en me répétant ses craintes fondées sur des motifs difficiles à réfuter. Je me flattais que sa satisfaction serait d'autant plus grande, quand à son retour il verrait avec quel zèle j'avais soutenu cet édifice chancelant. Je me réjouissais de le surprendre par le courage que j'avais opposé aux prétentions des vainqueurs.

Ce fut dans le même temps que le général Alvinzy réclama, en faveur de l'armée, un nouveau rabais sur le prix de l'entrée. Je renouvelai mes objections. Je présentai à M. le comte de Wurmser un mémoire dans lequel je me plaignais de ce qu'on avait saisi la caisse électorale destinée au payement des employés, et de ce qu'on diminuait encore les moyens de subsistance qui leur restaient. Ce mémoire était peut-être écrit avec plus de hardiesse que n'aurait osé en déployer aucun fonctionnaire palatin. Je déclarai tout net, ou que le commandant devait nous payer sur cette caisse une partie des secours arriérés, garantis par l'électeur, ou que nous ne diminuerions pas le prix d'entrée.

Le comte Wurmser demanda à me parler, me dit lui-même que ce projet était raisonnable et pouvait être exécuté. Néanmoins il me pria de baisser le prix des places, en ajoutant qu'il ne pouvait se départir de cette prétention. Persuadé par cette déclaration du comte de Wurmser, et convaincu que la recette qui, étant beaucoup au-dessus de tout ce qu'on pouvait attendre, suffisait non seulement à tous les frais, mais offrait encore un excédant qui égalait celui des années antérieures, considérant en outre que dans un moment où ce général était en possession des droits seigneuriaux sur le Palatinat, qu'il exerçait presque dans tous les ressorts sans aucune résistance, je ne pourrais, sans une pareille concession, le déterminer à ordonner ce que sa bonté personnelle, et peut-être plus encore mon honnête et infatigable industrie l'avaient porté à réclamer, je consentis à une nouvelle réduction dans le prix des places.

Je ne fis donc que fort tard, et après avoir épuisé toutes les excuses et tous les détours, ce que tout autre aurait fait beaucoup plus tôt par politesse, par reconnaissance ou par amour-propre, touché de la bienveillance dont j'avais reçu les preuves les plus honorables. Je n'ai jamais hésité à défendre avec énergie les droits de l'intendance, quoique je m'exposasse par là à être mal compris.

Je n'en citerai qu'un exemple. Toutes les

fois qu'on représentait *la Flûte enchantée*, on avait coutume d'augmenter le prix des places. Cela eut également lieu à cette époque. Un membre de l'état-major m'en fit des reproches, qui paraissaient avoir été autorisés par le comte de Wurmser. Je remis sur-le-champ à M. le général une représentation dans laquelle je déclarais que, dans tout ce qui concernait la question des affaires intérieures du théâtre, je ne pouvais reconnaître que les ordres de mon chef et les ordonnances de l'électeur. En même temps je rappelai expressément la promesse qu'il m'avait faite de nous ordonnancer sur la caisse générale qu'on avait saisie, une partie de l'arriéré dû au théâtre. M. le général Baader me dit, de la part du général Wurmser, qu'il désapprouvait les reproches qu'on m'avait faits, et qu'il avait défendu toute intervention dans la marche des affaires du théâtre, et que pour ce qui regardait le remboursement demandé, il fallait que je m'adressasse à la chancellerie de l'empire.

En conséquence de cela, je remis à cette autorité une réclamation énergique, et je suivis avec un zèle infatigable les démarches que cette requête exigeait de ma part. Ce que je viens de dire, et la police du théâtre maintenue d'une manière exemplaire par le commandant impérial de la forteresse, furent l'objet d'une correspondance continuelle, et d'une longue suite de représentations verbales. Il fallait que je m'y montrasse d'autant plus circonspect, que dans toutes mes réclamations, je devais me conduire de manière à ne pas compromettre ma responsabilité, et à ne pas m'exposer, de la part du gouvernement palatin, au reproche d'avoir abandonné ses droits, ou fait des concessions arbitraires.

Au milieu de tous ces embarras et de toutes ces occupations, on m'annonça un soir que M. de Dalberg était de retour de Munich. Plein de joie, je me rendis en hâte chez lui. Après tant d'efforts constans et désintéressés, je croyais pouvoir être sûr de son approbation. Je me réjouissais d'obtenir cette récompense, et j'avais la vanité de croire que sa bonne opinion sur mon compte serait encore accrue par ma conduite dans des temps aussi critiques, où tout le monde avait montré de la crainte, plusieurs même de la timidité, parce

qu'on ne pouvait pas prévoir l'issue des affaires.
M. de Dalberg me reçut un peu froidement.
Il se fit raconter, avec les plus grands détails,
comment les choses s'étaient passées, et cependant je lui avais adressé un rapport à ce sujet
tous les jours de courrier. Il m'interrompit
souvent pour me blâmer, et finit par me témoigner son mécontentement de toutes les
concessions que, selon lui, j'avais faites trop
légèrement et contre les intérêts de la caisse
du théâtre. Jamais de ma vie je n'ai été trompé
aussi cruellement dans mon attente. Il me fut
impossible de lui répondre. Sa conduite m'affligea profondément, je ne sais plus comment
je suis sorti de sa chambre. Je lui répondis
avec résignation, qu'au moment de son départ
il ne m'avait laissé aucune instruction, qu'il
s'était contenté de m'inviter à agir selon ma
persuasion et ma conscience, et que c'était là
ce que j'avais fait. Ma santé souffrit pendant
quelques jours de cette explication. Sont-ce
les circonstances, les hommes, les faux rapports, l'oppression de sa patrie, qui avaient
ainsi disposé M. de Dalberg ? Je ne sais auquel
de ces motifs je dois attribuer la froideur et

même une certaine rigueur que dès ce moment il me témoigna continuellement ; ou bien serait-ce que je mérite des reproches de ce que, dans un moment où son âme était oppressée par la cruelle destinée de son pays, j'avais la prétention qu'il appréciât mes efforts avec plus d'amitié? C'est ce que je ne veux pas décider ; mais je crois qu'on ne pourra jamais interpréter d'une manière défavorable le désir d'être apprécié par ceux que l'on révère.

Quoi qu'il en soit, mon affliction était trop vive pour qu'il me fût possible de la surmonter. L'électeur, dans un conseil qu'il présidait, avait confié à M. de Dalberg le gouvernement du pays. Ses affaires multipliées, sérieuses, embrouillées même, m'éloignèrent encore davantage de sa personne. Nous devînmes étrangers l'un à l'autre. Cet état de choses m'était insupportable. Les avantages très médiocres dont je jouissais ne pouvaient pas me retenir dans le Palatinat. L'estime que l'intendant avait toujours montrée pour mon caractère, la beauté de la nature dans cette contrée, l'amitié, l'amour, tout m'y enchaînait.

La nature me parut déserte lorsque je vis s'évanouir le rêve si doux pendant lequel j'avais pensé que j'étais connu. L'amitié et l'amour me consolèrent d'être méconnu par un chef sous les yeux duquel je m'étais conduit d'une manière franche, honnête et désintéressée, et qui, comme je le vois bien maintenant, n'a jamais fait grand cas de mon dévouement sincère à sa personne, n'y a jamais ajouté foi, et n'y attache plus aujourd'hui la moindre importance.

L'homme, en moi, devait lui être cher; c'était là mon seul orgueil, mon unique but. L'artiste n'était pour rien dans cette prétention, d'autant moins que je ne voudrais pas faire entrer en compte ce qu'il accordait à ce dernier.

Depuis cette époque, ma santé se dérangea de jour en jour, mon génie s'affaiblit, et je tombai bientôt dans une froide indifférence. Cette situation m'accablait; je demandai donc et obtins au printemps de 1796 la permission de partir pour Weimar. En vérité, ce fut un bien beau temps que celui que j'y ai passé.

Ce n'est qu'avec émotion, avec reconnais-

sance que je puis penser à la bienveillance
et à l'intérèt dont tant d'hommes généreux
m'ont comblé. Dans tout ce que Böttinger (1)
a écrit sur l'accueil qu'on me fit comme artiste, et sur ce qui a distingué mes représentations, je crains bien que son amitié n'ait
dirigé sa plume, et qu'il n'ait communiqué
au public ses propres idées en voulant lui
offrir une image de mon jeu ; car sa bienveillance lui aura fait croire que j'avais rempli mes rôles avec autant de perfection qu'il
les avait conçus. Quoi qu'il en soit, je n'ai
jamais joué avec plus de plaisir ni avec plus
de soin qu'à Weimar ; et on se l'imaginera
facilement. L'accueil empressé de tant de gens
distingués ranima dans mon âme l'étincelle
du feu sacré. Je recommençai à sentir pour
mon art ce que j'avais senti autrefois. En comparant la tranquillité que je goûtais dans ces
lieux à l'inutile combat qui m'avait tant affai-

(1) Iffland fait allusion à l'ouvrage de M. Böttinger,
qui a pour titre : *Développement du jeu d'Iffland
dans les quatorze représentations qu'il a données
sur le théâtre de Weimar*, 1796.

bli depuis trois ans, il fallait nécessairement
que le désir du repos devînt en moi une passion. C'est à Weimar que, pour la première
fois de ma vie, s'est éveillée en moi la pensée
qu'il ne me serait pas impossible de quitter
Manheim.

La guerre devait recommencer vers Pâques; j'écrivis de Weimar à M. de Dalberg
sur cette circonstance pénible, et j'en reçus,
suivant l'usage, des réponses froides et presque rebutantes. Je commençai peu à peu à
devenir étranger à Manheim. Cette agréable
liaison, qui existait presque depuis seize ans,
était tout d'un coup altérée, ou, pour mieux
dire, rompue. Je ne pus supporter cette indifférence. Ce ne fut pas au chagrin qu'elle me
causait que j'obéis en ce moment, mais bien
au bon sens, qui me criait fortement de m'arrêter, de penser à mon avenir, et surtout à
ma tranquillité.

Je résolus donc de rompre décidément cette
liaison, et de ne pas négliger plus long-temps
ce qui pouvait contribuer à mon bonheur,
dans le cas où, indépendamment de ce qui
était déjà arrivé, et avec des circonstances

beaucoup plus graves que celles dont j'ai fait
mention, je verrais pendant cette guerre ma
position à Manheim devenir encore incertaine ; car je ne voulais pas que ma conscience,
ma raison, la justice la plus rigoureuse pus-
sent me reprocher les suites désagréables de
cet engagement, lorsque j'avais prouvé avec
quelle fidélité, quel désintéressement je l'avais
observé, même dans les crises les plus ora-
geuses. C'est ce que je déclarai à Weimar, et
j'ajoutai que je désirais y passer le reste de
mes jours. On prévint cette idée, et les propositions que j'ai faites pour le cas où ce que
j'avais prévu arriverait, sont, je crois, une
nouvelle preuve de mon désintéressement,
de mon estime pour M. de Dalberg, et de
mon attachement pour le Palatinat et pour
mes amis.

À mon retour, M. de Dalberg se montra
obligeant à mon égard ; mais c'était une politesse qui ne pouvait compenser à mes yeux
l'intimité de nos anciennes relations.

Le 19 mai, ma femme assura pour toujours le bonheur de ma vie. C'est ce jour-là
que nous fûmes unis. Quelques jours après,

mes camarades nous firent une agréable surprise en nous donnant une fête dans mon
jardin. Cette marque d'amitié nous causa une
satisfaction dont je me souviendrai toute ma
vie. On nous y amena le soir. Le jardin était
illuminé. Une musique douce accompagnait
les embrassemens de ces hommes bienveillans.
Leurs larmes exprimèrent mieux que des paroles les souhaits qu'ils formaient pour notre
bonheur; de même que les nôtres furent les
interprètes fidèles de la reconnaissance la plus
sincère.

Cependant la trève fut rompue. Le départ
d'une partie considérable de l'armée pour
l'Italie, et la guerre qui eut des suites si
malheureuses, obligèrent l'armée autrichienne
à abandonner la rive gauche du Rhin.

Je renouvelai mes propositions, relativement aux mesures à prendre pour prévenir
les nouveaux malheurs qui pourraient arriver;
mais je ne fus pas assez heureux pour obtenir
une décision. La rive droite du Rhin fut menacée du côté de Dusseldorf et du côté du
Brisgau; on pouvait prévoir les tristes résultats de cet événement. Je réitérai avec per-

sévérance et opiniâtreté mes représentations
sur les moyens de pourvoir à la sûreté des
acteurs et à la conservation du théâtre, et je
le fis d'une manière d'autant plus pressante,
que d'après ce que j'étais résolu de faire pour
moi-même dans la supposition la plus défavorable, je croyais encore agir dans mon
propre intérêt.

Les occupations pénibles et dangereuses de
M. de Dalberg ne lui permirent pas de prendre
une résolution positive à cet égard. La plupart des comédiens qui se rappelaient encore
les tourmens et les dangers du dernier siége,
m'avaient déclaré ouvertement qu'ils ne voulaient en aucune façon s'exposer à un bombardement. J'en fis part à M. l'intendant, en
ajoutant que je ne pourrais plus moi-même
attendre comme autrefois le dernier moment,
et que je devais prendre soin de ma femme.

Personne, dans le moment du plus grand
danger, ne peut s'enfuir en voiture, à moins
de courir le risque de se la voir enlevée en
route par l'armée, pour servir au transport
du bagage. Tant que j'avais été seul, j'avais
pu me sauver à pied aussi loin qu'il était né-

cessaire ; mais je ne pouvais pas prétendre à ce que ma femme fît un pareil voyage. M. de Dalberg, qui ne voulait pas lui-même rester à Manheim en cas d'un nouveau bombardement, trouva cette observation très juste, et m'accorda son approbation.

Cependant les Français forcèrent le passage du Rhin, battirent le corps d'armée du prince de Wirtemberg, furent repoussés par le héros de l'Autriche, l'archiduc Charles ; mais peu après repassèrent le Rhin à Kehl, et s'avancèrent jusqu'à Friedberg. Ils avaient déjà passé par Rastadt que j'étais encore à Manheim. Enfin, ce fut le 10 juillet qu'un officier impérial, instruit de toutes les circonstances et de tous les événemens de la guerre, et que j'avais prié de m'avertir du moment où le danger serait le plus pressant et où cependant la fuite serait encore possible, vint me dire, au moment où je me rendais au théâtre, qu'il était temps maintenant de songer à la fuite. On peut s'imaginer avec quel sentiment j'ai joué dans *die Geschwister vom Lande* (les frères et sœurs du pays), le rôle du vieux baron, le dernier que j'aie rem-

16

pli à Manheim. La moitié de la représentation était à peine achevée, que ce même officier vint dans les coulisses, et me dit que,
d'après les nouvelles qui venaient d'arriver,
il me conseillait de partir le lendemain, ou
plutôt le jour même encore, si je pouvais le
faire; car, ajouta-t-il, la route de Mar-
bourg à Fulde est interrompue ; il n'y a
plus que celle de Wurtzbourg qui soit encore libre.

A la fin de la représentation, M. de Dalberg me fit appeler : « Tout est perdu! s'é-
cria-t-il; que faire à présent?» Je lui dis que
j'allais m'occuper de mettre ma femme en
sûreté, et que je reviendrais à la fin de la
guerre. Il me pressa instamment de rester,
en ajoutant qu'il restait lui-même. Je lui répliquai que les préparatifs terribles qu'on
avait faits depuis huit jours, montraient trop
clairement ce que nous avions à attendre ;
que d'après la triste expérience que les comédiens avaient faite pendant le dernier bombardement, je ne pouvais me rendre à son
invitation, et qu'il était de mon devoir de
ne pas exposer ma femme au danger. Il me

dit de mauvaise humeur, « Partez ; mais je sais que vous ne reviendrez pas. » Je l'assurai que je reviendrais, dussé-je ne revenir que sur les ruines de Manheim.

On me paya mes appointemens pour deux mois, je signai la promesse de revenir à la fin du danger, et je partis le lendemain matin, après avoir trouvé une voiture avec beaucoup de peine, et après avoir été obligé d'abandonner tous mes effets. Dans le trajet de Manheim à Nekar-Els, ma femme fut contrainte de passer, au péril de sa vie, à travers trois mille fourgons attelés, qui occupaient, sur trois files, la largeur de la grande route. Il y avait bien un autre chemin ; mais il était impraticable, tant en voiture qu'à pied, parce qu'il était entièrement défoncé : le nombre des caissons et des fuyards s'augmentait de moment en moment. Nous fûmes forcés à Wurtzbourg d'attendre des chevaux pendant deux jours ; c'était là qu'affluaient tous les fugitifs. La nouvelle arriva que Francfort était en flammes.

Deux jours après notre départ de Wurtzbourg, les Français arrivèrent devant cette ville, et le comédien Koch y fut enfermé avec sa famille. C'est une preuve évidente que je n'aurais pas dû en partir plus tard. Quoique je me dirigeasse sur Gotha, je ne passai pas par Weimar, afin de ne pas m'engager moi-même dans une démarche contraire à mes devoirs envers Manheim. Jusqu'à la fin d'août, je restai tranquille à Hanovre. A cette époque, je me rendis à Hambourg, sur l'invitation de M. Schröder, pour y donner quelques représentations à bénéfice, et j'y restai jusqu'au 9 d'octobre.

Pendant ce temps, le désir de vivre à Manheim s'était réveillé en moi avec une force irrésistible. Mais je voulais cependant assurer mon avenir, et me mettre en garde contre les alertes continuelles qu'on pouvait y prévoir jusqu'à la fin de la guerre.

J'écrivis souvent à M. de Dalberg; et je le fis avec autant de clarté et de détails que possible. Je ne demandais absolument aucune amélioration; mais seulement son opinion sur la sûreté des promesses faites par le gouvernement, promesses sur lesquelles il avait contribué à me donner des doutes. Je demandai, d'une manière discrète, si je pouvais compter sur l'assurance qu'il avait eu la bonté de me donner en 1794. Je lui témoignai ma douleur de voir que les relations qui existaient entre lui et moi, fussent entièrement changées. Déjà je lui avais annoncé de Hanovre que j'allais à Berlin, pour y jouer quelques rôles. Probablement quelques unes de mes lettres ont été perdues. Autrement, je ne saurais pas m'expliquer pourquoi je n'ai reçu aucune réponse sur les points les plus essentiels. Sur d'autres points, je reçus des déclarations brèves, polies et évasives. Je sais bien que M. de Dalberg ne pouvait me donner aucune assurance décisive pour l'avenir, et qu'il pensait trop noblement pour me donner comme certitude ce qu'il n'aurait pas regardé comme tel. Mais c'est justement ce qui augmentait l'embarras de ma situation. Au reste, quoique je désirasse vivre à Manheim, je devais cependant me demander, après tous les sacrifices que j'avais faits, quel serait le but où toutes ces démarches me conduiraient.

Ayant appris à Hambourg que le roi de Prusse avait déclaré vouloir m'engager, j'en

donnai sur-le-champ connaissance à M. de
Dalberg. Je lui dis en outre que je m'estimerais
heureux de revenir auprès de lui ; mais que
je désirais seulement de voir disparaître toute
incertitude sur des choses dont la discussion
continuelle m'était tout-à-fait pénible, et devait nécessairement lui devenir à charge, sans
qu'il y eût de ma faute. Aussitôt après mon
arrivée à Berlin, je lui réitérai cette demande.
Je demeurai toujours dans la même incertitude. J'écrivis encore le 18 octobre de Berlin, que les offres d'un engagement dans cette
ville étaient avantageuses, et qu'elles commençaient à devenir plus pressantes ; que je
ne désirais point d'amélioration, mais une
explication définitive sur ma position ; que,
dans les affaires d'intérêt, j'avais toujours tenu
une conduite qui ne devait laisser aucun doute
sur la sincérité de mon désintéressement.
J'ajoutais que, si mes offres, assurément
très modestes, n'étaient pas agréées clairement, je ne saurais pas, d'après les avantages que la bonté du roi me proposait, me
justifier devant le tribunal du bon sens, de
ne les avoir pas acceptés, et que je pouvais,

tout au plus, en différer l'acceptation jusqu'au
10 novembre. Vers cette époque, je reçus,
sous le couvert de l'ambassadeur de Mayence,
M. le comte d'Hazfeld, une lettre qui ne répondait à aucune de mes demandes. Je demandai à M. le comte, qui était un des amis
de M. de Dalberg, s'il n'aurait peut-être pas
reçu un ultimatum qu'on lui avait recom-
mandé de tenir secret. Je le priai de ne pas
me le cacher, ayant plus que satisfait à mes
devoirs envers Manheim, et étant, dans le
cas où il n'aurait pas de communication à me
faire, sur le point d'accepter les offres généreuses du roi. Il me protesta que non seulement il n'avait aucune commission pour moi,
mais il me montra même la lettre de M. de
Dalberg. Il lui demandait si je me plaisais beaucoup à Berlin; mais, du reste, sa lettre ne
contenait absolument rien sur mon compte.

Après toutes ces explications, personne ne
dira, je l'espère, que je me sois séparé facilement de Manheim. Le 14 novembre, j'écrivis
de grand matin à M. Ritz, chambellan intime,
que j'étais infiniment reconnaissant de la grâce
que sa majesté le roi voulait bien me faire, et

que j'acceptais les offres qui m'étaient proposées à Berlin. Le même soir, à dix heures, je reçus un ordre du cabinet royal, qui confirmait l'acceptation de mon engagement. Le 16, arriva, mais trop tard, une lettre de M. de Dalberg, qui contenait l'explication détaillée que j'avais si long-temps demandée, et m'annonçait une augmentation d'appointemens, que je n'avais pas sollicitée. Si cette lettre était arrivée trois jours plus tôt, et qu'il n'y eût pas été mention d'une augmentation, fidèle à ma parole, et obéissant à mes sentimens, qui m'attiraient dans ce pays auprès de tant d'hommes estimables, auprès de mes fidèles amis, j'aurais renoncé, quoiqu'à contre-cœur, aux faveurs du roi, et j'aurais quitté Berlin, non sans une juste émotion, mais sans regretter en aucune façon les avantages considérables qu'on m'avait proposés; et je m'en serais retourné dans ma belle solitude sur le Rhin. Ceux qui me connaissent savent que l'argent ne peut rien sur moi, que le repos est mon bien suprême; ils savent de quelles entreprises hasardeuses et de quels sacrifices je suis capable pour rester fidèle à ma parole. Mais il y a une puissance irrésistible qui dirige la destinée des hommes ; c'est elle qui a décidé de la mienne. Je pense avec émotion au Palatinat ; je me rappelle avec attendrissement le beau temps où M. de Dalberg était franc et confiant envers moi. Je ne lui ai jamais causé le plus léger désagrément, et jamais, à ma connaissance, je n'ai mérité son mécontentement. Je l'ai aidé, autant qu'il m'était possible, à supporter le fardeau de l'intendance, dont il s'était si généreusement chargé. Je me suis opposé, comme lui-même, à ce que le monopole s'introduisît dans l'art dramatique, et j'ai contribué de toutes mes forces au développement des talens naissans. Je crois fermement que, quelque éloigné que je sois, les comédiens de Manheim ne me voudront jamais de mal. Par suite de nos conventions, j'ai rendu avec respect à M. de Dalberg le prêt qu'il avait bien voulu me faire en 1794, et j'ai remboursé avec la même exactitude les deux mois d'appointemens que j'avais touchés à mon départ.

En 1785, j'avais remis, de mon propre mouvement, à M. de Dalberg un billet, par

lequel je promettais de ne jamais m'engager
à son insu. Je n'avais plus pensé à ce billet,
parce que M. de Dalberg n'avait jamais paru
le regarder comme une pièce officielle. En
effet, cette promesse n'était pas nécessaire :
mes sentimens et ma résolution n'ont pas
changé depuis que j'ai écrit ce billet. Les lettres que j'ai adressées à M. de Dalberg dès le
moment où je pus me douter, à Hambourg,
qu'il était question d'un engagement à Berlin, si toutefois ces lettres ont eu assez de
prix à ses yeux pour qu'elles existent encore,
prouveront suffisamment si j'ai agi avec précipitation, et si j'ai pris quelque détermination avant de l'en avoir instruit. Et cependant, lorsque mon contrat avec la Prusse eut
été conclu, il me renvoya ma promesse avec
indignation, en y ajoutant cette phrase bien
dure : « Vos actions ne répondent pas à vos
écrits. »

En lisant cette promesse, preuve honorable de l'effervescence d'un jeune homme,
et que j'ai su tenir en devenant homme, dans
les temps même les plus calamiteux, en
voyant la date 1785, année où tout avait

une apparence plus pacifique et plus séduisante, Quels changemens sont survenus dans le monde ! m'écriai-je. M. de Dalberg et moi, nous pouvions encore nous entendre. Je me rappelai avec un vif regret le 20 novembre 1785, jour où il me serra dans ses bras en pleurant ; et, lorsque je relus ce passage de sa lettre, si dur et si peu amical, je me dis : Quoi donc ! j'ai vécu durant seize ans sous les yeux de cet homme, avec la persuasion de lui être connu, et, après tant de tourmens et de fatigues, je n'ai pas plus de prix à ses yeux !

Je ressentis un chagrin amer ; et, plein du sentiment de ce que je valais, je mis de côté cette lettre injuste, cette lettre où l'on s'attachait à des paroles écrites, et où l'on oubliait mes actions.

C'est à cette époque que j'ai résolu de parler au public de ma carrière dramatique ; et ce qui m'y a surtout déterminé, c'est que j'ai remarqué, depuis, qu'on avait cherché à me nuire dans l'esprit des personnes à l'estime desquelles j'attache beaucoup de prix. Je garantis, sur mon honneur, l'exactitude de tout

ce que je viens d'avancer ; et , s'il était nécessaire, je pourrais même en donner des
preuves.

Si je me suis trompé de quelques jours dans
les dates, j'espère qu'on m'excusera ; car il
faut que j'écrive tout de mémoire, n'ayant
pas sous la main tous mes papiers. Mais,
pour ce qui concerne mon engagement à Berlin, je suis sûr que même toutes les heures
sont indiquées avec précision. La prolixité
dans laquelle je suis tombé, malgré moi, ne
déplaira pas, je l'espère, à ceux parmi lesquels j'ai vécu. Les autres lecteurs voudront
bien l'attribuer au désir que j'ai de les convaincre.

Je prie M. de Dalberg de vouloir bien
croire que je conserverai toujours le souvenir
des services qu'il a rendus au théâtre allemand. Le théâtre lui a de grandes obligations. C'est M. de Dalberg qui a développé
son goût, son instruction, sa persévérance
et sa patience. Je ne penserai jamais avec indifférence au jour où je suis entré dans sa
maison, comme dans le temple d'un génie
bienfaisant. J'ose me flatter que M. de Dal-

berg n'oubliera pas non plus le temps où un jeune artiste s'est dévoué à lui avec toute l'effusion d'un cœur pur. Il sentira peut-être, s'il lit jamais ces Mémoires, ce que je sens en les écrivant, la douleur que cause l'inconstance des projets et des désirs humains. Ainsi, deux voyageurs qui ont long-temps cheminé ensemble, regardent encore derrière eux après qu'ils se sont séparés, pour chercher à s'apercevoir, et pensent long-temps aux conversations amicales qu'ils ont tenues pendant la route.

Le roi Frédéric-Guillaume II a eu la bonté de me confier la direction du théâtre de Berlin. On ne peut pas donner des instructions plus nobles que celles qu'il a eu la bonté de me donner lui-même à Potsdam, en me disant : « Gardez-vous de distribuer les rôles avec partialité; laissez chacun avancer. Je désire que, même le dernier membre du théâtre, soit quelquefois distingué, que la direction fasse quelque chose en sa faveur. » Ces instructions, cet entretien, ce bon roi seront toujours présens à ma pensée. La justice, la bienveillance avec lesquelles sa majesté le roi

actuel ne dédaigna pas de s'occuper de temps
en temps des intérêts de son théâtre national, malgré le poids de ses affaires, ne doi-
vent-elles pas exciter dans le cœur de tous
les artistes un vif sentiment de gratitude !

Je dois de l'estime et de la reconnaissance
au public de Berlin. Dès le premier moment,
je me suis fermement proposé de faire tout ce
qui serait en moi pour contribuer à son plaisir et rendre l'ensemble du théâtre plus parfait, sans cependant recourir à aucune violente innovation ; car, en faisant tort aux
individus, elles nuisent plutôt à l'ensemble
qu'elles ne parviennent à l'améliorer. J'ai
trouvé parmi les acteurs de Berlin des talens
rares et distingués. La confiance et la bonne
volonté rendront toujours leur union plus
intime, et c'est le moyen le plus sûr de perfectionner l'ensemble et d'assurer le triomphe
de l'art. Bien loin de m'abandonner à aucune
petitesse, je dirai franchement que j'ai dans
M. Fleck, artiste du premier rang, et digne
interprète de la vérité et de la nature, un
collaborateur dont l'amitié et la loyauté ré-
futent ce vieux proverbe qui dit : que deux

artistes animés d'un zèle égal pour leur art, ne peuvent vivre en paix dans la même carrière.

En jetant un coup d'œil sur toute ma carrière, puis-je me dire avec raison : J'ai toujours aimé, dussé-je faire de grands sacrifices, à suivre mon premier sentiment? Ou bien, n'est-ce que de la faiblesse? C'est ce que je ne veux pas juger. Mais ce que je puis assurer, c'est que cette manière d'agir m'a moins égaré que la réflexion.

Je salue amicalement tous ceux qui me veulent du bien.

IFFLAND.

Berlin, 17 avril 1798.

FIN.

DE L'IMPRIMERIE DE CRAPELET.

www.ingramcontent.com/pod-product-compliance
Lightning Source LLC
Chambersburg PA
CBHW071626220526
45469CB00002B/492